私たちはどんな世界を生きているか

西谷 修

JN019125

講談社現代新書

2591

はじめに

行き先が不透明

いつの時代にも、今は過渡期だとか、転換期だということが言われます。今もそうなのですが、なかでも現代の特徴は、その行き先が不透明だということです。ひとことで言えば、未来が見えない、あるいは掠《かす》められている、というのが特徴でしょう。

日々の生活をとりまく社会的な問題、よく言われる少子高齢化や、医療費増大などに絡んだ福祉の問題、それから、経済の長期低迷の中での雇用の問題、子供たちの教育のことなどが、視界を遮る雲のように目の前を覆っているわけです。

そして、そんな状況にいたっている社会は、一体どんな原理が導いているのかと考えてみると、産業経済のシステム、それを動かすエネルギーの問題、また人間の生活のあり方を変えてゆくテクノロジーの問題などがあります。テクノロジーは人間生活の便利さや効率を実現するだけでしたが、今では人間そのものを改変するという段階に入っています。

そんな問題にどう向き合ったらよいのか、どのように対応したらよいのか、ということが問われているのです。そしてこれまでの構えからすると解答がない、あるいは「解答」

の幻影に誘われて流されてゆく。それが前を向いているのか後ろを向いているのか、もはや分からない。そういう意味で、今は非常に不確定な、先の見えない時代です。

超富豪たちの夢

しかし、そんな不安には我関せずと、万能の杖のようにまずＩＴ（情報テクノロジー）化が進んでいます。ＩｏＴとかＡＩを社会の中にうまく取り入れると、高齢化社会も、過疎地の問題も解決して、すばらしい社会になるといった展望です。コロナ禍もそれを加速する機会のようです。

けれども、それは本当に納得できるでしょうか？　総務省がやっているように、ＩＴ化プロモーションのビデオクリップでＰＲはできますが、都合のよいイメージで、実際に起こるだろうさまざまな問題を覆い隠しただけであって、そんな明るいビジョンから締め出されてゆく部分が一体どうなっていくのかは全く見せてくれません。

明るく描かれる未来はいわばバーチャル・フューチャーであり、ほとんど絵空事のようです。そこにどんなバニシング・ポイント（消失点）が埋め込まれているかわからないから、その展望に安心はできません。地球温暖化とか核廃棄物処理といった、生活のレベルを超えた問題もあります。解決すべき課題はあまりに大きく、そんな将来のイメージが全般的な対応には全くなっていないということです。

とくに気になるのは、今の世界をある意味で象徴するのが、ビル・ゲイツやジェフ・ベゾス、ザッカーバーグといった歴史上類を見ないほどの圧倒的な富豪たちだということです。これは何を意味しているのか。**現代世界の変容を導き、文明の未来を先取りするとみなされるような人たちが、私的に巨額の富を築く一方では、世界中に悲惨な貧困や荒廃が広がっている**ということです。

もちろんビル・ゲイツは、チャリティ精神を発揮して、富の一部をアフリカの子供たちの支援とかに使っていて、その行動が成功する人間の手本にもなっています。

しかし、そこで見えなくなっている事実は、今やグローバル世界で誰もがそれに頼らざるを得ない仕組み、社会のコミュニケーション・ベースそのものが――それは本来、誰もが享受できるべきものです――、途方もない私財を生み出すものになっているということです。この大地や海や空が、商品化を思いついた者の独占所有物になるかのように。

たとえばＡｍａｚｏｎは、単に包括的なネット販売網であるにとどまらず、それを元にして広範な製造業をもコントロール下におき、経済活動から利潤が生まれ配分されてゆく仕組みを、バーチャルに一元化してしまいました。

誰もがそれぞれの環境のなかで「便利さ」を求めるから、それに応えるということで膨大で「フラット」なプラットホームができ、あらゆる段階の利潤が吸い上げられるという仕組みです。そしてそんな展開の立志伝中の人物が、最も成功しかつ世界に貢献した人として仰ぎ見られ、未来をつくるビジネス人間のモデルともみなされているのです。

コロナ禍のさなか、イーロン・マスクのスペースX社が、NASAから新技術で宇宙ステーションに人を送り込みました。もはやアメリカという国家さえ、資金の問題でできなくなった事業を、私的な企業が「人類に夢を与える」として引き受けているのです。マスクは、電気自動車をロケットに積んで宇宙に飛ばし、火星移住計画のような「夢」を提案していますが、その「脱出」の夢の背後には荒廃する人類世界が残されるのかもしれません。それが未来のパイロット・イメージとして社会に投げかけられているのです。

要するに、一九世紀、二〇世紀を通して近代文明が発達し、それが世界に展開して、多くの人びとがより豊かになってきたことを、次元を超えて単純化し、個人化されたモデル、プライベートな「自由」で引っぱるといった方向づけが働いているわけです。

急き立てるテクノロジー

超富豪とバラ色のテクノロジー、それによって世界は便利かつ安逸な方向にプログラミングされてゆく。未来がそんな形でしか思い描けないとすれば、その未来のいびつさや嘘っぽさ、それに何より非人間性がまったく視野の外に置かれ、見えないことで逆に不安を掻き立てる。現代はそういう時代なのではないかと思います。

その不安は実は多くの人びとに共有されているのではないでしょうか？

とくに日本は3・11を経験しました。原発事故によっていわゆる原子力、核エネルギーというものが、人間社会にとっては制御できないものであり、「想定外」は起こるということ、そしてそれに対しては対応策がないことが明らかになったはずです（対応できることとしか「想定」していないわけですから）。

核技術はそれまでの科学技術のように、ある優れた科学者・技術者が開発して、個人の功績になったり、特許が取られたりするようなものではありません。二〇〇〇人に及ぶ優秀な科学者・技術者を集め、戦争体制の中でアメリカが総力を上げて開発したものです。全体像をつかんでいるのは軍人と一部の科学者だけで、一人ひとりは分担部分しか分からない。それぞれ自分の役割が何を意味するのかも知らされないまま作り出されたのが核兵器であり、このときから科学者たちは自分のやっていることの結果に責任が取れなくなった、取らなくなったのです。

核技術は、原子核を壊して化学的な燃焼とはまったく違った、物質基盤結合の膨大なエネルギーを放出させます。すると核崩壊が連鎖して、安定した物質になるまで放射線を出し続ける。それを止める技術はない。人工的にできるのは原子核を壊すこと、崩壊を引き起こすことだけで、その引き金を引いたら、あとは放射線を放出しながら物質が崩壊していくプロセスに委ねる。つまり「自然」に任せるしかないという「技術」です。

だから、最初のエネルギーを都合よく利用したつもりでも、処理できない核燃料の残りが出ます。それが放射線を出し続け、最終的に安定状態になるのに何万年もかかる。それに手を付けた人類は、人類史の時間を超える射程をもって、危険な残り滓《かす》をずっと管理していかなければいけない。「フクシマ」の名前で呼ばれるようになったこの問題は、科学技術と、社会と、人間の**時間**について大問題を提起したのです。

これは核技術だけでなく、それ以後の科学技術のいわば構造的な特徴でもあります。しかし、その他の分野では国家事業は「民営化」ということで、各分野が市場に委ねられて進むから、核技術の提起した問題は誰にも扱えなくなります。

こういうことに最初に注目したのは哲学者のハイデガーでした。世界の生物学会が遺伝子工学を提起したころ、彼はそれと核技術との同時代性を指摘していました（『放下』）。技術と人間との関係の根本的な変化を画するものだと言うのです。科学技術は人間の生活を豊かにする優れた道具だとみなされ、人びとの幸福に資すると期待されていたのですが、それが核技術や遺伝子工学に至ったとき、科学技術の成果は人間のコントロールを超えるものになって、人間は宙吊りになる。もはや目的に対応するプロジェクトは成り立たないというのですね。

テクノロジーは、そういう段階に深く入っています。それは有益な道具をつくり出すと見えて、**予測しえない事態に人間をさらし、人間の制御しえない結果を引き起こす**ものになっています。それを世界は科学技術の進歩と言っているのですが、かつて国家の戦争のためにこのような異次元に入ったテクノロジーは、いまでは経済成長に欠かせないモーターとして、競争の中で闇雲に急き立てられて（ハイデガーの用語です）いるかのようです。

実はその「制御」の学として考案されたのがサイバネティクス（操舵学）だったのですが、それは情報科学へと展開し、いまやサイバー空間に「時代遅れになった人間」（ギュンター・アンダース）を呑み込もうとしています。

底が抜けた状況

そんなわけで、科学技術の進歩、それによる人類社会の発展と言われていた「進歩・発展」が迷走し始めて、この先どうなるかが不透明なのです。イノベーションによって社会はこんなふうに進化しますと言われても、それは空中楼閣なんじゃないか……、そんな不安が根底にあって、未来の夢が語られても、その夢は時間とともに初めから灰色とか茶色にくすんでいる、そんな状況でしょうか。

ただ、そのような状況を、私たちは人類の一人としてというよりも、日本なら日本という国で、その社会のあり方に規定されながら生きています。けれども現代では、当然ながら私たちの生活は国内だけで完結していないし、日常的にも世界と繋がっています。着るものひとつとっても、食べ物でも水でも薬でも医療でも娯楽でもなんでもそうです。最近のパンデミックというのもそうですね。

そのことを念頭に置くと、**いま漠然と感じている「未来への不安」というものも、ここだけの問題ではなく、ある世界的な状況の、日本における現れ方だと考える視点が必要になる**でしょう。つまり私たちの置かれた状況というとき、それは日本でもあれば世界でもあり、私たちはその連接を通して生活しているということです。

だから、この底が抜けたような状況というのも、**何がどう抜けてしまっているのか、それを広い視野で、かつ複合的に考えてみる必要がある**ということです。この「底が抜けた」というのは、グローバル化が語られるときの、境界がなくなるとか、フラットになるということと無縁ではないでしょう。そこには国境があり差異があるけれども、その境の膜は透過性をもっているということです。

そして、高齢化社会の問題や、軍事化の問題——これを今では「安全保障」というわけですが――、国際関係等も、大きな流れの中で考えていくとき個別の実相が浮かびあがって、初めて的確で意味のある捉え方ができるのではないでしょうか。

現在の厚みを振り返る

そんなわけで、まずは今の日本が世界の中でどうなっているかといったことを見ていきたいと思います。ただし日本と言うとき、世界との関係では一つの政治的単位ですから、それは政治的な、つまり「ポリス」的な――政治というのはもともとはポリスに関わる事柄といった意味です――課題であり、かつそれが国際的な環境のなかにあるということを押さえておきましょう。

もう一つは、いわゆる文明の発展というものがどんな節目を経てきているのか、そしてそれが今のような国際関係として構成された世界の中でどのようにせめぎ合っているのかということです。

私たち一人ひとりはもちろん、個人の私的な生活を生きているつもりでいます。しかしそういう私的な生活はどのような枠づけや条件のもとに営まれているのか、その枠組みはどうなっているのかを考えてみたいわけです。

そのためには、現在の状況を形づくってきたプロセスを多少はたどらなければなりません。つまり、**歴史的に考えてみる**ということです。それでないと**現在の厚み**は捉えられませんから。現在とは扁平な面ではなく、それ自体が厚みをもっています。その厚みを、時間の軸を少し長めにとって探ってみることが必要です。

ただし、歴史的にたどるという時も、さまざまな時間の尺度のとり方があるでしょう。科学技術の発展については、節目がどこにあるかが割とはっきりしていますが、社会のあり方を歴史的に振り返るときには、政治的・社会的な枠組みを設定したうえで、目安になる出来事の意味を確認していかなければなりません。だから、政治社会的な意味を見定めてそれを指標にしてゆくことになります。

真理の崩壊

歴史的に振り返るというときに、その歴史あるいは出来事の意味づけをどうやって確かなものにするかという課題は当然入ってきます。ところが面倒なことに、今はその足場が崩れている。というのは、いわゆる**ポスト・トゥルース**と言われるような状況が生じてきて、何が確かなことなのかという目安自体が、揺るがされているからです。

「ポスト・トゥルース」とは、アメリカでトランプ大統領が誕生した年に、オックスフォード英語辞典の「今年の言葉」に選ばれて有名になった表現です。要するに、「真実が通用する時代は過ぎ去った」、「もう真実かどうかには価値がない、情報としての価値はない」、ということです。

ドナルド・トランプはおおかたの大手メディアの予想に反して当選しました。そのとき、既成のメディアが流す情報よりも、ツイッターやフェイスブックで流される、事実確認や裏付けのない情報、あるいは故意の捏造情報が人びとの投票行動を左右したと言われ、そのメディア状況をこの言葉がうまく言いあてているということです。

実際、大統領就任式では、オバマ前大統領の時はホワイトハウス前の大通りが一〇〇万の人で埋め尽くされたのに、今回は二〇万人しか集まらなかったとメディアが報じると、トランプ新大統領のスポークスマンは、報道されたのとは別の写真を示し、これが「オルタナ・ファクト」(主要メディアが流すのとは別の事実)だと主張します。

そうすると、選挙に勝って正統性を得た大統領府がそう言うわけですから、もうひとつの「真実」の方は〝真実〟としての通用力を揺るがされてしまいます。その「真実」に固執すると、それは「フェイクニュース」だと決めつけられます。あとは政府・政権と大手メディアの乱打戦になります。「真実」を支える軸が取り払われてしまったのです。

日本語では「真理」と「事実」は区別されていますが、「事実」を「真実」に言いかえると、両方とも「真」に関わるということになります。本当かどうか、本物かどうか、ということです。ものごとを人びとが議論したり、相互理解したりするときの、やりとりの軸になる、みんなが受け入れて議論の展開のベースにするような、コミュニケーションの拠り所のようなものが「真」あるいは「真理」です。

いろいろなレベルの「真理」があります。信仰の真理もあれば科学的真理もある。けれども今では、あらゆる「真理」が社会的な情報のなかに一元化されて、電脳化されたコミュニケーションの場に流れ出ています。

新聞を読んでも、本を読んでも、情報の処理はデジタル化されていますから、そちらがデフォルトです。その電脳の海に、言説の柱が溶けて漂っているというわけです。まあ、知の商品化とか——売れる知識がいい知識——、実物よりＰＲとか言われて、だいぶ前から「真」の劣化は始まっていたのですが。

先ほど、現在の厚みを測るために歴史を振り返る、と言いましたが、まさにその歴史を語るに際しても、真理の構造が掘り崩されていて、言いたい放題になっています。いわゆる「歴史修正主義」と言われるものですが、「アウシュヴィッツにガス室はなかった」とか、「南京大虐殺が……」とか、「放射能に負けない……」とか、言いたい放題。まるで言葉がゲンコツであるかのように、互いに言い合うだけの状態になっているのです。

感情的反応と反復の強度

なぜそんなふうになったかといえば、やはり情報テクノロジーによるコミュニケーション空間の変質が決定的でしょう。

たとえば、人びとが議論をするとき、あるいは考えるとき、言葉で結びついたコミュニケーションの場があります。議論が成り立つために従わなくてはならない決まりとか、これは真実として受け入れなくてはならないとか、見えない規範のようなものが作用しています。それに則ることで議論は成り立っていました。

その規範、拘束の最も基本的なものが「AはAである」といった縛りです。赤を黒と言ってはいけない、サルをイヌと言ってはいけない。あるいは「白も黒も同じ」ではまずい。もちろん、どうしてAはAでないといけないかと問うてもいいのですが、そのときにも議論のベースでは「AはA」です。そういう縛りがみんなに共有されて、それでコミュニケーションは成り立ちます。「真理」もそんなところに関係しているわけです。

ところが、この条件をインターネット、デジタルIT技術が大きく変えました。

ネットがないときには、情報発信にはいろいろな回路とプロセスがありました。活字情報として流通させるためにも手続きがあって、一人ではなかなか難しい。編集という作業もある。いわば「公共」のふるいがかかっていたのです。こう言ったほうが受けるという商業ベースの配慮が働いたとしても、それは顧客を引きつけるだけの質があるかどうかなど、情報の選別、ふるい分けが作用していた。

ところがインターネットとくにSNSによって、誰もがそんなフィルターなしに発信できるようになった。そのプラットホームを提供する業者もいます。それが現代の成長セクターですね。

もちろんそれは情報発信のデモクラタイゼーション（民主化）であって、良い面もあります。ただし、情報がすごく多くなります。そのため、いわゆる折り紙付きの情報とそうではないものとが無差別に溢れます。多くの人が多くの情報に接するようになると、論理的な手続きを経るとか信頼度を気にするとかよりも、「あっ、これいいじゃん」「そうなのか」と、自分の好みや気分に合うものに対してすぐに反応してしまう。

だから、ウソだろうがデマだろうが、うまく反応を誘ったものが流通するようになる。その反応が情報発信者を励ますだけでなく、多くの場合、情報発信にコマーシャルがついていたり、スポンサーがついたりして利益にも結びついている。

正確さとか信頼性だとかは情報流通のなかで第一義的な価値ではなくなり、好みや気分に合ったものがネットのなかでどんどん反復・増幅されていくことになるわけです。

感情的反応ということがよく言われますが、要するに論理的とか、妥当な情報を見分ける慎重な判断は、このような情報流通の実勢の中であまり意味を持たなくなります。意味内容やそれに対する検証、あるいは信頼度といったことではなくて、反復の強度の強いものが流通力を持ち、そのこと自体が情報の価値になってゆきます。その価値は抽象的なだけでなく商品価値でもあります。

すると情報は、もはや真実かどうかを支えにしなくてもよい。それとは違った形で情報が流通・増幅されるということが、技術的可能性が開いたコミュニケーション状況のデフォルトになっているのです。

言えなかったことが言える

デジタル化以前にもその徴候はありました。まず情報のPR化であり、ついで商品化です。PRは人をモノに惹きつけるための情報です。それから、情報そのものが商品化されます。それは、たとえばテレビのニュースの視聴率評価、といったところに現れます。視聴率をとるために娯楽性を高めるとか。そういう前段があって、ネットがその流れを物理的なインフラから解放したということですね。

そこでもうひとつ特徴的なのは、「公私」の区別がなくなるということです。私的なツイートがそのまま外に出てゆくことになりますから、もう「公私」の区別はありません。

こんなこと言ったらまずいとか、恥ずかしいといったことが、どんどん発信できるようになります。コミュニケーションでの公共性の敷居が取り払われたのです。事実とずれたところに恣意的な標的を作って、そちらに人びとの敵意を流すといったことも平気でできるようになる。そしてその恣意は「表現の自由」を盾にするということです。

政治家の公式スピーチよりツイッターの方が注目される。そっちが「本音」だとみなされるからです。「本音」を言う、つまり社会的には「抑圧されていた」ものの蓋が開いてきたということです。それが「ポスト・トゥルース」の状況です。

このように、情報のステータスがガラッと変わって、私たちはそれに頼れなくなったのですね。情報テクノロジーが万人化したがゆえに、そして情報空間が市場化・自由化されているがゆえに、逆にそういうことになってきた。

だから、未来が見えない不確定な状況というのは、そのことを考えようとするときの土台そのものも揺るがしている。だからこそ、私たちの生きている世界がいまどうなっているか、その足場を少し歴史的にたどって測ってみようというのが本書の狙いです。

新たな身分制社会に

以上、本書で展開することを、簡単にまとめ直しておけば、**私たちのいま生きている世**

界の「動態」をどのように捉えるかということを、ここ二〇〇年ほどの時間の厚みを振り返りながら考えてみようということです。

「私たち」は現代の世界に生きていますが、さらに限定されて日本で生きています。そして日本と世界との関係は、グローバル世界だからといってただ単に透過性のものではなく、日本について言えることと世界について考えられることとは、繋がりながらも違っています。日本は世界のなかの特殊な個別ケースですから、当然のことではありますが、なかなかそこを分節化しにくい。それで、国際関係という枠を設けて、日本の「動態」と世界の「動態」とを分け、かつ繋げて考えてみました。

すると日本は明治以降、国際関係に入ったのだということにすぐ気づきます。ただ、「世界」と言っても、その国際秩序を作ったのは西洋諸国です。そして今でも、国際関係で「世界」と言われるのは、西洋化によって生み出された世界です。

だから、ここでは具体的に多様な世界があるということはわきに置いて、日本から見た国際関係の先に見える「世界」の軸を見てゆきます。日本で「国際社会」と言うとき、いままでは「アメリカ的な世界」、というのが暗黙の前提(軸)になっています。

アメリカというのは「文明の最先端」あるいは「世界の標準」のように思われていますが、じつはきわめて特殊な成り立ちの国であり、もっと言えば端的に「**新世界**」です。

そこでこの本では、まずあまりこだわらずに現在の「世界の中の日本」について概観した（第1章）後、その「世界」に重ねられているアメリカとは何なのか、ということについて考えてみます（第2章）。それから、そのアメリカとの関係でいま日本で焦点になっている国際関係、朝鮮半島との関係に目を向けました（第3章）。

そして、どうしてそうなっているのかを解き明かすために、日本が国際関係のなかでどのように「独自」の国になってきたのかということを、とりわけ制度面に着目して、明治から現在までの一五〇年を、前半と後半に分けて考えました（第4章）。そのうえで最後に、グローバル化した世界のなかで、日本がこれからどうなっていくのかを考えてみました（第5章）。

本書の見通しとしては、この二〇〇〇年を通して、世界は、そしてその中で日本も独特の仕方で、**「近代」のもたらした「自由」を解消するような方向に「進化」しているのではないか**ということです。**政治社会的解放の成果が、テクノロジー経済の自律的発展によって、「新世界」という新たな身分制社会になだれ込んでいるのではないか**ということです。

それに対する是非の判断はここではしません。事実、そうなっているのではないか、ということを俯瞰的に述べていきたいと思います。

目次

第4章　日本の明治一五〇年 147

第1章　今の世界に至る道
19世紀～1970年

1　分断した社会

戦後レジームからの脱却

明治以来の日本を考えるときにもそうですが、とりわけ第二次大戦後の日本を考えるときには、世界のコンテクストの中で何が起こっているのかを考える必要があります。それはかならず世界で起こっていることと関連して、あるいはそれへの対応として起こっているからです。「明治以来」というのはそういうことですね。日本が「世界」の内に入った。もはや別扱いにできない。世界との関連のうちにあるということです。

近年の流れで言うと、最近はあまり言われませんが――もう実現されてしまったからかもしれません――、日本ではここ一〇年ぐらい、「戦後レジームからの脱却」ということが唱えられ、それを集約する課題として「憲法改定」が掲げられてきました。

たしかに、「戦後レジーム」というのは、言いかえれば「戦後憲法体制」であり、それから脱却するというのは日本国憲法を「補正」するというより、端的に「廃棄」するということです。この憲法は「押しつけ憲法」であり、「みっともない」憲法だというのが、「廃棄」のモチーフです。占領下で押しつけられた、自主的でない憲法。だいたい軍隊を不保持としている国などない。だから国民は堕落し、私利私欲に浸って国家に尽くすことを忘れてしまった。個人に権利があるとか、国民に主権があるというのは間違った考え方であって、国民は進んで国家に奉仕するべきである――。

そういう主張が「改憲」の動きを支えてきました。そう主張をする人たちにとっては現憲法は何より邪魔のようで、あらゆる理屈を作って「改憲」を求めてきました。表向きの理由は「国際状況の変化」だとか「国際貢献」だとか、「大災害に備える」とか、その都度いろいろ変わりますが思うように行かず、ともかく「不磨の大典」に手をつけること自体が目標になっているようです。

この種の主張は、以前は宗教運動のように私的に行われてきましたが、あるときから公然の流れになりました。その一方で公的な地ならしは続き、ある時期からの文科行政や道徳教育などに反映されてきました。戦後初期の文部省は「教育勅語」を引っ込めて、新憲法にある、国民主権、人権尊重、平和主義を、りっぱな冊子まで作って広めようとしていたのですが、今ではそれに触れること自体が「政治的偏向」として排除されています。

戦後レジーム云々の実態は、ざっくり言えば、みんなしっかりナショナルな意識を持って頑張ろう、そうすれば国も豊かになって国民も幸福になるという期待で一丸となるということだったでしょう。それは実は、高度成長期に見られたような「戦後体制」のなかで働いていた意識です。それが経済成長の達成とグローバル化とともに崩れて行くのですが、その崩れにつけ込んで、復古的に見えるレジーム・チェンジの要求が重なってくるわけです。

グローバル経済へ

グローバル経済の中で活動していくとは、むしろ経済活動がナショナリズムを超えてグローバル主義の中で展開されるということのはずです。その主体は企業です。それぞれの社会の経済システムは一九世紀以来ずっと国民経済の枠でやってきました。だから市場を巡るいろいろな抗争は国単位で行われ、それがとうとう世界戦争を引き起こしました。要するに全世界がひとつの戦争に呑み込まれてしまったわけですね。

それが半世紀の冷戦期を経てグローバル化したとき、「国家か市場か」と言われたように、国家の政治的枠組みより、経済アクター、つまり企業とか企業連合、投資家のほうが、国家を牛耳って市場を整備させるというふうに、力関係の転換が起こります。アメリカに典型的に見られるように、国家は経済アクターの乗り物になってしまいますが、それでも相変わらず国家は、「国民」の組織化の要であり続けているわけです。

また、八〇年代のいわゆる新自由主義転換というのがあった時から——これはまた七〇年代の経済変容の話に立ち戻る必要もあるんですが――企業と働く人びととの関係は、それまでとまったく変わってきました。

かつて国民経済の時代には、産業つまり「生産」プロセスを軸にして経済は回っていて、ひとつの経済単位が活発になるためには、働く人たちを会社組織の中に統合する。だから会社のほうは、自分のところの労働者に見返りを与えて貢献させる。いわゆるトリクルダウン説というのがありましたけれど、この仕組みの下では労働者ががんばると企業が発展し、企業が発展すると、働いている人たちは豊かになる、そういった成長サイクルが確かにありました。日本はそういう仕組みの中で高度成長をしたわけです。

ところが、グローバル化に伴う新自由主義的な転換が起こってからは、主要企業は生産を元に活動しているわけではなく、むしろ生産単位を経営したり、売り買いしたり、流通プロセスを独占したりすることで利益を得ています。

それに、七〇年代以降「消費社会化」や情報化といった経済活動の様式の大きな転換がありましたが、ともかくその結果、経済規模は異次元的に広がりました。しかし、その中で企業が市場競争を通じて利益を上げるためには、生産・流通のコストを徹底的に下げていかなければならない。

だから、原料も人件費も安いところに拠点をどんどん移す。そして労働コストはできるだけ切り詰められる。賃金は時給制で実質的には長時間働かせたり、作業内容をユニット化してそれに決められた対価だけを支払う、という雇用形態になります。

グローバル経済と新自由主義

補足すると、**新自由主義**はもともと、社会主義計画経済が登場したときに、それが社会正義を実現するという考え方に強固に反対して、個人の自由の実現だけが正義だと主張したフリードリヒ・ハイエクあたりから出てきた考え方です。

ハイエクとその共鳴者たちが戦後、モンペルラン協会に集まり、その主要メンバーだった経済学者のミルトン・フリードマンがシカゴ大学を拠点に考えを広めます。それは、自由市場に任せると恐慌などで社会が破綻するから、国家が公共事業でフォローして行かないと豊かな社会はできないという、大恐慌以来のケインズ流の経済運営をも、社会主義への屈服だと批判して、**すべてを市場のメカニズムに委ねよ、そうすれば市場がすべてを解決する**、という主張になります。

市場に委ねれば、よい商品は売れ、ダメなものは淘汰される。そうして経済社会は最適化される。その市場メカニズムが十分に機能するためには、あらゆる国家の規制を排して、「自由」な個人の欲望追求に任されなければならない。あらゆるものは商品化して市場の決定に委ねる。それだけが「公正」だ、というわけです。

市場原理主義と言ってもいいと思いますが、ベトナム戦争で疲弊したアメリカ国家がこれを採用します。国家の負担をすべて市場に投げ入れれば、どんな政治的問題をもかわして、市場が決めてくれる。最初は徴兵制ですが、これを自由な雇用にしてしまえば、兵役や戦争の問題もなくなります。そして国家の負担だった「公的・社会的」領域を民営化してしまえば、事業そのものが商品となって市場が最適解を出してくれるというわけです（中山智香子『経済ジェノサイド』）。

この考え方は、政治的力が強いがゆえに悩んでいた「自由世界の盟主」アメリカや、帝国時代の威光に縛られていたイギリスで、八〇年代から本格的に採用されました。そこで政治（つまりポリスの管理経営）の実質は民間企業に委ねられるようになり、私的企業が経済活動のアクターになります。経済活動だけではなく、国家を超えて（国家ではない多国籍企業として）、実質的にあらゆる社会活動の舵をとってゆくようになります。

そして冷戦が終わり、世界が一元的な市場に統合されると、この方法がグローバル経済のルールになってゆきます。市場は大きければ大きいほど経済効果があがる（儲かる、成長する）というのは鉄則ですが、各国の政治の思惑、ポリス的要求も、この市場原理主義なら克服してゆけることになります。というのも、各国の政治そのものも、「市場が審判する」ということになりますから。

それは急速に浸透して、たとえばフランスで大統領選があって社会党の大統領が当選したとき、それをルポする日本のテレビ局のレポーターが言ったことが印象的でした。「このフランス国民の選択は、やがて市場が判断するでしょう」と。これにはのけぞりました。

極端に分離する階層

安い労働力を求めるから、生活費の高いところからは工場が逃げていって、失業者は増えます。職があっても、国外の低賃金と競争させられて、賃金は安くなります。そうして企業は広いグローバル市場で利益を上げるけれど、競争のために人件費はどんどん抑えられて、企業収益と働く人との利害はまったく相反してゆくことになります。

企業が得た利益は以前のように働く人に配分されるのではなく、企業拡張のための再投資や危機準備のための資金として留保されてゆく。だからここではトリクルダウンなどという説はもはやおとぎ話になります。そして企業は株主のためのものです。

企業というのは、「法人（ジュリディカル・パーソン）」と言って、法的な人格としてその権利を保護されますが、その権利の自由な行使のために、生きた人間、「リアル・パーソン」の方が搾り上げられる、それが現在の経済の仕組みです。

この企業の展開を「経済成長」のモーターとして、グローバル経済は回っているわけですが、その構造自体は、ついでに個々の生活する人も「自由」になることを、つまりは企業に依存せず、労働市場を自由に浮遊しながら「自立」することを要求し、社会を二重に分断してゆきます。富裕層と貧困層の分断、そして個々の人間の分断です。

その結果、アメリカでリーマン・ショック（二〇〇八年）の後、「一％と九九％」の格差が生まれるようになりました。一％の富裕層が残りの九九％の人を合わせたほどの富を集積しているというのです。日本の社会の格差・貧困化の現象も、こういう傾向への適合政策の中で起こっています。

だとすると、**現代の経済の仕組み自体が、それぞれの社会の階層分離あるいは再階層化を生み出している**ことになります。「再」階層化だというのは、平等社会を志向してきたはずの「近代」以前には、社会は身分制秩序をベースに形成されていて、現在の事態の成り行きはそのような身分制秩序への回帰に向かっているように見えるからです。

この経済メカニズムは、よほどのことがないかぎり超えられない溝をつくり出します。特殊な才能に恵まれたり、売りものになる素質があったり、どんなことをしてでも這い上がるといった強い意志があったら、階層のバリアーを超えられるかもしれません。しかしこの階層化は、「自由」経済の仕組みがこのようであるかぎり、世代的にも再生産されてゆきます。すでにいろいろ問題になっているように、金は金を生むけれども、貧困は貧困しか生まないのです。

アメリカでは九九％の貧しい人びとが、一％の富んだ人びとに抗議して町や広場といった公共の場所を占拠する「オキュパイ運動」（二〇一一年）を起こしました。格差の事実は運動で可視化されましたが、解決されたわけではありません。むしろ、問題を見やすい「よそ者」である移民に向けさせ、反発や排除の対象を作り、社会問題を私的感情に振り向けさせるような政治指導者を登場させました。多くの人びとがもつ生活上の不安や不満を、「わりをくっている」「アメリカはこんなはずじゃない」という怨嗟に転化して、「偉大なアメリカ」へのノスタルジーをたきつけたわけです（第2章で詳述）。

そのトランプ大統領を、先進国でいちばん最初に歓迎した首相が最長政権を維持した日本でも、その首相を支持する人びとは、殿さまのご愛顧を受けて権力の汁を吸うことを恥じないし、官僚たちも上司の意向を先回りして懸案に対処することを自分たちの功績とみなしてきたようです。これはいわゆる封建制の時代の役人や町人の姿に他ならない。江戸時代まで遡らなくてもよいでしょう。明治の時代でも半分はそうでしょう。

基本的には、生まれながらに身分が決まっていて、統治する者、統治に関わる者と統治に関わらない者とは、社会に対して意思の働き方がまったく違うという構造です。それを今、経済的「自由」の碾《ひ》き臼（カール・ポランニー）が創り出しているということです。

「身分制」と不平等

日本では、身分社会の解体が徹底していなかった。だから明治以降も「忠君愛国」的な意識が残るし、「無法松の一生」なんて美談が受けます（私も嫌いじゃないですが）。だから、そういう状態に戻ろうという傾きがもともとあるのかもしれません。それが「美風」だともされるし、そのせいでいわゆる「下層」の人たちですら、「偉い人」は偉い人で、そのほうが面倒がなくていいとか、おこぼれを頂戴していたほうがありがたいとかいって、格差そのものを受け入れる人たちも少なくないでしょう。だから逆に、抗議したり、権利を主張したりする人たちを目ざわりに思って、嫌うようになるんですね。

平等というのは、みんな均《なら》して同じというわけではありません。人格として平等なのであって、一人ひとりのあり方や様相はみんな違う。定規をあてて同じだと断定することより（法律を作るときにはそれがある程度必要ですが）、要は、お互いがお互いを尊重し合って生きるということでしょう。福沢諭吉が言ったように「天は人の上に人を造らず、人の下に人を造らず」ということです。

分かりやすいもの、ストンと入ってくるものに乗っていくのは、人の常だと思います。

ただ、「平等」と言うときに間違えてはいけないのは、みんなDNAが同じということでもないし、みんな同じ点数にしろということでもありません。それぞれの領域には競争もあるし、チャンスのあるなしもあるでしょう。けれどもお互いが同等の人間として尊重し合う、違っているけれどもその価値を認め合うということです。尊厳ということです。

新自由主義が社会を刷新してゆく

身分があったほうが自分の境遇を受け入れやすい、という人もいるかもしれません。そういう人にとっては平等なんて偽善的なお題目だし、世の中、あるものはあるんだ、と言っていた方が楽なのかもしれません。

そうなると、民主主義もお荷物なのかもしれない。今日本では、大きな政治的懸案があっても選挙の投票率は五〇%を超えるぐらいです。地方の選挙だともっと低い。選挙はごく限定された回路ですが、そこで意思を表明しようとする人の数が少なくなっている。諦めもあれば忌避もあるでしょう。そうすると、全体として見た場合に、こういう社会の変化方向を受容する人たちが多いということになります。一応は民主主義という制度のもとで、全体としては同意していることになるでしょう。

昔の言葉で言えば、民が権利を持つか、国が権利を持つかというのを、民権派と国権派と呼びましたが、そういう国権派というのは反動的な勢力だというように、ここ五〇年ぐらいは思われていました。それが「戦後」の社会でした。ところがいま、せっかく民権的になったのに国権を求める、あるいは任せる、といった状況になっているわけです。

どうしてそんなことになるのか。すぐに思い当たるのは、やはりグローバル経済の圧力です。そのドグマともいえる――つまり「この道しかない」という教条です――新自由主義というのは、社会主義が敗北したあとの「解放」を象徴するかのような、世界に「自由」が広まったかのような、「前向き」の装いをもっています。市場の自由が拡張されて、それぞれの社会の伝統的な枠組みや固有の性格は、市場を制約する規制だ、障壁だ、不公正な阻害要因だとして壊されてゆきます。だから、「保守的」な姿勢と対立して、それを「守旧」と呼んで刷新してゆくように見えます。

ひところは、規制緩和、市場開放、小さな政府、という三点セットが鳴り物入りで宣伝されました。お役所は非効率で、役人も地位に安住して働かないから、業務を民間に委ねる。民間の営利企業は競争して事業をやるから、欲得ずくだからこそ効率のよい仕事になる。だから、それまで「公的事業」として政府が抱えたり規制で保護したりしていた分野をすべて非効率だとして「民営化」してゆく。事業を市場の競争原理に委ねていけば、無駄な役所仕事はなくなるし、国の運営もスリムにできる。つまり「小さな政府」でよくなるし、その分だけ市場が拡大して「経済成長」が生み出せる、というわけです。

自由と管理統制の反転

これは日本だけでなく、冷戦後に市場一元化として再編される世界秩序のベースになった傾向です。だからこれがグローバル化に対応した新時代のトレンドだということで、日本でも九〇年代からいわゆる「構造改革」として推進されてきました。

それに対して、いわゆる「保守」というより「反動」の動きは自由主義とは逆の志向のように見えます。新自由主義「改革」が進めば、公的な規制は解かれ、人びとの自由な活動の余地は広がって、政治権力の作用は縮減されると言われていました。

ところがそういう傾向と、民権を国権で縛るという傾向とが、じつはシンクロするということがしだいに明らかになっていきます。

要するに、**新自由主義が社会**（公共的なものと言ってもよいでしょう）**を解体し、それを「私」の市場原理で再組織していくと、経済的な階層化を野放しにすることになりますが、その階層化**（格差）**は、そこから生じる不満や軋轢《あつれき》を吸収ないしは逸らせるような政治秩序、国権強化を求めるような志向と結びつく**わけです。

というのも、もともと「小さな政府」の考えは、公的支出を減らして、政府の役割を警察と軍事、つまりは秩序維持と治安に限定するというものでしたが、復古的な政治は、分断社会に生じる軋轢を強い秩序志向で制してくれるというわけですから。

ついでに言っておけば、経済はグローバル化を求めますが、政治はナショナルなものです。かつては市場拡大をめぐってナショナルな対立が起こっていました。ところが経済のグローバル化で、政治は経済にとことん蚕食され、ナショナルな権力者たちは、権力保持のために、国民を人質に、グローバルな富裕層と結託して権力を私利の道具にしがちです。だからナショナルなはずの政治は、政治家たちの私的なパフォーマンスのような見かけを呈しているのです（お友だち外交）。それは、ここ二〇年ぐらい、世界のいたるところで進行している状況だと思います。

日本でもそういうことが進んできました。

規制緩和というのは、上からの制限をやめるということです。政府は秩序維持のようなことしかせず、あとは市場に任せる。すると、「自由」が広がるように見えるけれど、それは私的な利益追求の自由で、それができない人たちへの公的な保護はなくなります。そして「自由」の監視のために情報管理が要求されますから（ここには情報テクノロジーが深く関与しています）、国家はその役割を担っていくわけです。

すると、国家の公共的役割は小さくなるけれども、じつはその権力は私権化しながら無制約化するという傾向になります。国民が一元管理の対象になり、それをみんなが受け入れるようになる。あるいは、イデオロギー的には逆行を求める人たちの意向が、自由化を進める経済システムに適合しようという人たちの方向と合致してゆくわけです。

だから日本では、大企業の利益団体の経団連は、安倍自民党政権と利害が一致しました。安倍政権は「復古的」というより、むしろ「美しい国」という新しい国民幻想に向けて「革新的」でした。この政権は二世・三世議員が多く、「復古」を隠しきれませんでしたが、そのあたり、「新しさ」も含めて「改革」を演出してゆこうという勢力は、明治期を思わせる「維新」を名乗っています。

そういう「復古＝革新的」な流れが、グローバル経済で力を保持しようとする企業集団の思惑と合致していく。そこから「アベノミクス」のような経済政策が出てきますが、これは一方で雇用構造を崩すと同時に、他方で法人のために金融を無制限に緩和しました。

雇用の「自由化」で、企業は人件費の束縛から自由になる。そして、国からの実質融資はいくらでも受けられる。株価を上げるというのは、投資家を満足させると同時に国民に対して「景気がいい」という印象を与えることになるわけです。

雇用の「自由化」は企業にとっては好都合なことですが、生活する個人にとっては、非常に不利なことです。それで生活不安に陥ると、君たちの能力や努力が足りないからで、他のせいにしてはいけない。それでも君たちは日本人じゃないか、誇りをもて、この豊かな国を脅かす外敵から守れ、この国に生まれたことがすでにチャンスなんだよ、という心情をつくっていこうとする動きとドッキングしていきます。

2　ヨーロッパと大戦

ウェストファリア体制と第一次大戦

少し話を戻して、ヨーロッパを見てみましょう。

ヨーロッパ諸国は産業化と共に世界に進出して、各地を支配下におきました。二〇世紀初頭には地球の陸地の大半がヨーロッパ諸国の支配圏に入ります。そしてヨーロッパ諸国の統治システムに、その末端の市場として組み込まれてゆきます。

とくに、イギリスが世界帝国になって、フランスもそれに続きます。日本と同じころ、ドイツが統一国家になって、フランスと戦争して勝ったのに（一八七〇年の普仏戦争で、このときフランスではパリ・コミューンが起こります）、どうして自分たちには分け前がないんだ、というので植民地再分割のための会議を開きます。

一八八四年、ビスマルクがベルリンに各国首脳を集めて、机に大きな地図を広げて、英米の先占取得を認めたうえで、アフリカ分割の調整をする。ここはベルギーが優先とか、ここはドイツとか、定規で線を引いて決めてゆきました。

しかし、それでもイギリス・フランスの優位は変わらない。後発の産業国家は争わないともう余地がありません。そのころのヨーロッパの国際秩序は、無差別戦争観と勢力均衡で保たれていました。戦争は国家の権利で、ルールに沿えばいつでもできる。ただ、むやみに戦争にならないために各国の連携で勢力均衡を図る、それが外交だったわけです。たとえばフランスなら、ドイツを牽制するためにロシアと手を組むとか、力の均衡で戦争ができにくくする。それが**ウェストファリア体制**、ヨーロッパ広域秩序と言われるものでした。

ところが、ヨーロッパの発展は域外の植民地支配の上に成り立っていましたから、その外部をめぐる争いが、域内の合従連衡に跳ね返ってきます。それをリンケージ（連係）と言うとしたら、リンケージが世界に広まったかたちです。だからヨーロッパ域内で一旦火蓋が切られると、その戦火は連鎖的に一挙に広まる。これが第一次世界大戦でした。

国際連盟とＩＬＯ

この戦争は当初は「大戦（Great War）」と呼ばれていました。日本では「欧州大戦」と言いましたが、向こうではただの「大戦争」です。その頃はヨーロッパが「世界」ですから、別にヨーロッパ大戦と限定する必要はないんですね。それが後になって回顧的に、世界を巻き込んだ戦争の第一波ということで、「第一次世界大戦」と呼ばれます。

これは初めての「世界戦争」でした。地理的な広がりだけでなく質的にもそうです。つまりルーデンドルフが「総力戦」と表現した、国家のすべてを投入しての戦争です。総力戦になると、人びとの生活世界の全部が巻き込まれますから、戦争の影響は戦場だけでなく社会全域に広がり、破壊の規模は厖大になるし、おびただしい犠牲者が出ます。

その後で、ドイツ人のシュペングラーが『西洋の没落』を書いて衝撃を与えたように、この戦争はヨーロッパでは「文明の終わり」を思わせるほど、たいへん深刻に受け止められました。それまでの価値観を一切覆すようなシュルレアリスムの芸術運動も起こるし、「不安と死」をテーマ化したハイデガーの哲学も知的な若者たちを惹きつけました。

ともかく、ヨーロッパ文明はこのままでは破綻する、何とかしようという修正の力学が働きます。まずは戦争を抑止するための仕組みとして国際連盟が作られますが、パニック後の国家間の疑心暗鬼から、なかなかうまくは機能しません。

その一方で、先進諸国が総潰れにならないようにするためには、発展し競合する産業システムの下で、どの国も社会的安定を作り出すような軸を通さなければならないということも考えられました。というのは、国家間の競合が戦争になだれ込んでしまうのは、それぞれの国内社会のあり方にも大きな要因があるからです。国内の経済危機などで社会不安が生じると、とかく政府は人びとを外敵（国際的な競合相手）との戦争へ駆り立てることになるからです。

どの国でも働く人びと、つまり社会を支える人びとの権利が守られないと、必ずや国内問題が外に向けられて戦争になる。そういう反省に立って、繁栄の追求が戦争に繋がらないよう、最初の実務機関として作られたのが、ＩＬＯ（国際労働機関）です。だからこの機関は、西洋文明、それを資本主義といってもいいですが、その修正をもたらす役目を負って生まれたわけです。ねらいは世界の労働者の権利保護と自立ということですね。

第二次大戦とフィラデルフィア会議

しかし、国際連盟そのものと同様、それが結局歯止めにならずに、再度の世界戦争、第二次大戦が起きてしまいます。

第二次大戦は単にヨーロッパ諸国だけではなくて、アメリカ合州国も本格的に加わり、ロシア革命から生まれたソビエト連邦が加わり、何よりアジアで日本が加わり、日本が侵蝕しようとしていた中国が加わります。そして中東やアジア・アフリカの植民地も巻き込まれた。だから文字通りの「世界戦争」になりました。

この戦争の帰趨《きすう》に目途がついた頃、連合国の代表が集まって、戦後秩序に向けた議論を始めます。カイロ会談とかヤルタ会談とかの敗戦国処理の問題だけではありません。そうではなく、今後ファシズムのような国家体制を生まず、産業的発展を通しても各国が戦争への傾斜を生まないような社会を構想する。それが一九四四年にアメリカで開かれたフィラデルフィア会議の目的ですが、そこでＩＬＯの再建が議論されました。

世界が産業化して、産業経済システムというのが共通の構造になると、そこで生活する人びとにとっては「雇用」つまり「働き口」が基本的な課題になります。

昔から貧困とか飢えがなかったわけではないけれど、それが「雇用」と結びついたのは産業社会になってからです。どこかで働いて賃金を得ないと生活できない。それを「労働力を売る」とも言うわけですが、社会がそんなふうに組織されるようになったときには、「雇用」は、あらゆる人が社会的に生きていくための基礎条件になります。それは人間の活動が「労働」として価値づけられることとセットでした。

戦争と産業経済システムとの関係をはっきりと指摘したのは、世界戦争の経験を通して経済に関する考え方の新たな「大転換」を構想したカール・ポランニーです。そしてこれから話す「労働権」の問題を洗い出したのは、シモーヌ・ヴェイユを手掛かりに、「労働」の問題を掘り下げてきた現代フランスの法思想家アラン・シュピオです。

世界戦争は国民国家を単位として起こりましたが、あらゆる人びとの生存を巻き込むことで、人類的な意味での「内戦」になりました。トータル・ウォー、全面戦争というのは「内戦」でもあります。だからこの戦争の克服は、国家間関係だけでなく、個々の人間レベル、人類レベルで考えなければならないということです。

世界が産業化して、全体として豊かに幸福になっていく、それが「文明の発展」だとしたら、それを前提としてどうしたら破滅的戦争を避けられるのか。あるいは世界の平和を確保してゆけるのか。そのとき、「人権」は国民の権利のようにナショナルなものではなく、万人のもので、かつ社会的なものにならなければなりません。

原則的に、あらゆる人には生きていく権利がある。これはフランス革命のときに明言されたのですが、その権利は産業社会では、まずは労働する権利ということになる。それが社会的に生きていくための基本権、社会権です。

そういう考えがあって、それぞれの国の中で、社会で、それぞれの人たちが実質的に生きていけるようになれば（それを「幸福追求」とかいいますが）、さまざまな軋轢や葛藤が外敵に投影されて、為政者たちが戦争に訴えることにはならないということです。だから労働者の権利を保護する、そのために組合活動も保障する。戦後日本の労働基準法もそういう考えの具体化としてつくられたものです。

だからフィラデルフィア宣言は「**労働は商品ではない**」とまず掲げました。そして国際連合ができて、国連総会が、協調世界のリプレゼンテーション、世界はこんな国家間関係としてできていますと表示するような機関になります。どこの人たちも自分たちの国をつくって、自立した生活を送れる。それを保障し合うという体制になるわけです。

そのときの原理表明が、国連憲章であり、世界人権宣言です。人間はあらゆる出自、身分、職業、性別に限らず、等しく生きる権利を持つというのをベースにして、それをもとに社会をつくっているというのが、国連に加盟する条件になるわけです。

そういうことを言うと、そんなのはお題目でしょう、とすぐに言われます。あるいは、理想主義であって現実は違う、と。しかし、おっとどっこい、です。今でこそそう言えるけれども、当時はそうしないと新しい国際秩序ができないという切実な要請であり、構想だったのです。それは建て前ですけれど、それなしには戦後の世界秩序はできない。世界戦争の経験、その反省から国家間協調で生み出され、合意されたいわば「ニューノーマル」だったわけです。規範とか、規範的構造とはそういうものでしょう。

黒人の権利、女性の権利

こういう理念のベースを提供したのはフランスであり、アメリカでした。ところが一九世紀は人権といっても西洋諸国家内部のことであって、植民地やその他の地域、つまり「非文明的」な地域の住民は一人前の人間とはみなされず、人権など認められませんでした。この「人種差別」はヨーロッパ内部にも跳ね返り、結局、アウシュヴィッツに代表される民族大虐殺が起こってしまいました。だからこその「普遍的人権」です。

けれども、アメリカはその後、冷戦期に入って、ベトナム戦争などを始める。かたや国内では、リンカーンの奴隷解放宣言から一〇〇年経っても、黒人は白人と同じバスに乗れないとか、社会で同等に扱われないといった状態が続いていました。

そうすると、戦後世界秩序の音頭取りであるアメリカでこういうことがあっていいのかと、黒人にも同等の（人間としての）市民権を要求する公民権運動が高まります。つまり、人種差別を克服することがアメリカ自身の課題にもなって、キング牧師やマルコムXが活躍し——二人とも殺されますが——それを代償のようにして、公民権法が成立します。そしてそれまでの不利を補塡して、彼らを社会的にサポートするためのアファーマティヴ・アクション（積極的差別是正措置）もとられます。

アメリカは「自由の国、民主主義の国」ということで、第二次大戦後の世界秩序の原理を提示してきたから、国内でもそうしたことを推し進めざるを得なかった。そしてその先に、こんどは無いことにされていた先住民の権利——日本ならアイヌ問題です——が一応法的に認められるようになり、居留地などに関する保護策もできるようになります。そして最後に残っていたのが、産業労働システムに埋め込まれて目立たなかった女性の権利だったわけです。哲学者のイヴァン・イリッチが「シャドー・ワーク」という言い方をしましたが、女性の地位はまさにシャドーに隠れていたわけですね。

黒人とか先住民は「文明」の異物というので、アメリカ社会の形成上目立った分断がありますが、女性はその区切りを横断しているから、まずは人種的な平等化が進まないと見えにくい。だから女性差別、あるいはさまざまな性差別というのが最後に露呈してきて、九〇年代以降、社会的な動きになってきたのです。基本はみな「人間」扱いする、差別しないということですね。

そんなふうにして、いろいろな面での平等主義原則が広まっていきます。

その広まりの中で、また新たな移民の受け入れの軋轢なども絡んできます。「黒人大統領オバマ」はいま述べたような文脈で言えば、アメリカの戦後体制の象徴のようなものでした（それゆえに、トランプによって否定される）。

ド・ゴールと移民世代

イギリスの「ブレグジット」EU離脱の問題も、引き金になったのは移民の受け入れ問題でした。フランスで、マクロン政権を生んだのも、それを揺るがしたのも、その背景にあるのが、EU統合と連動してここ二〇年ぐらいで社会を変化させてきた移民問題です。

フランスは第二次大戦中の公式政府は、パリをドイツ軍に明け渡してビシーに移ったペタン元帥の対独協力政権でした。ペタンは第一次大戦の功労者です。その政権がナチス・ドイツの敗退とともに崩壊して、ド・ゴールがロンドンで作った亡命政府が連合軍とともに再上陸し、国内の対独レジスタンス（抵抗）組織と合流して、戦後のフランスの「戦勝」政府ができたのです。だからフランスの戦後も、親ナチ派あるいは順応派の抑圧という問題を最初から抱えていたと言えます。

戦後の国際関係の中では、ド・ゴールの政府がナチスと戦った正統政府だとされ、フランスは戦勝国（連合国）として会議にも加わるし、国連では常任理事国になります。それが革命以来の「自由・平等・博愛」を引き継ぐ正統なフランスだということです。

そうすると、もはや戦後原則に反する行動はできず、事実上その力もなくなって、一九五四年にアジアの植民地いわゆる仏領インドシナから撤退します。それは自国の復興のためでもありますが、それよりも、地中海対岸部にあって手放したくなかった北アフリカから独立ののろしが上がり、とくにアルジェリアでは危機的な戦争状態になって、そちらに注力するためでもあります。この抗争は七～八年続き、最終的には引退していたド・ゴールが復帰して厳しく対立していた国論をまとめ、一九六〇年にアルジェリアの独立を承認しました。

それ以降、アフリカにあったフランスの植民地は次々と独立します。と同時に、フランス国内の戦後復興で、経済が活性化するときに労働力が足りなくなる。そのため、荒廃した旧植民地からどんどん移民を受け入れます。

そのときは労働力として使えればよかったのだけれど、フランスで子供が生まれると出生地主義のフランスでは自動的に国籍が得られますから、子供たちは法的には初めからフランス人です。では、その子たちはフランス人の子供と同じように生活できるかというとそうではなくて、経済的にも社会的にも明らかな格差・差別があります。

もちろん、社会に統合され出世してゆく人たちも多くいますが、保護されない多くの子供たちは、フランス人ではありながらその周辺で異物のように生きることを余儀なくされる。学校でもそうだし、就職するときにも差別されて、移民の第二世代の多くは閉塞状態に置かれます。それがいまは第三世代に入っている。

そのうえ、独立した国々の困窮や政情不安のため、新たに大勢の移民・難民がやってきます。それに「テロ戦争」以降の混迷が拍車をかけました。けれどもその社会統合もなかなか困難で、一部の居住区域は完全にゲットー化しています。麻薬は入るわ、武器は入るわ、二〇一五年初頭のシャルリー・エブド襲撃事件の頃には、フランス国内で当局が把握できないそんな居住区域が、一〇〇ヵ所以上あるといわれました。

フランスのジレンマ

さてフランスは、革命後の一九世紀以降、ヨーロッパ近代化の中心として、初めはスペイン、ポルトガル、そして東欧・ロシアからの移民を受け入れることで社会を活性化、再構成してきた国です。とくに二〇世紀の混乱の時期に、文化面ではそれが目立ちますね。芸術家・知識人、戦後の作家を見てもイヨネスコ、サロート、シオラン、クンデラ、トドロフ他、南米の作家たちも集まりました。だから移民の子孫も多くいる。

けれども、戦後の旧植民地からの移民は、多くがムスリムということもあって、スポーツや音楽以外の領域だと、生活習慣などでも違和感が大きいといった理屈もあり、何より雇用問題で新たな移民を嫌う傾向が強くなっています。ニュースを見ていると分かりますが、政治社会でまず話題になるのは「雇用」です。先ほどふれたように、それが社会生活のネックだという意識が浸透しているからでしょう。経済の話も災害の話も、まずそれが雇用にどう響くかということが取り上げられます。だからこそ、その「社会権」意識から移民に対する警戒心も出てくる。その一方で「美し国《うま》フランス」へのノスタルジーもあり、その社会構造の改変を迫ってくるブリュッセルのEU本部への反発も生じる。

EUは政治統合には踏み込めないので、どうしても経済統合に偏ります。するとグローバル化への適合を求めて新自由主義的原理に立つことになる。それが各国の旧来の社会構造にブルドーザーをかけて行くのはたしかで、経済効率化のために従来の生活基盤を崩される人びとが反発するのに理由がないわけではありません。

一方で、EUはもともとフランスが求めて、二度と再びドイツに侵略されないようにとつくってきた枠組みです。普仏戦争以来三度もドイツにやられてきましたから。けれどもEU自体が経済的な機構になると、軍事ではなく経済でずっと戦後を生きてきたドイツが、結局EUを牛耳るようなことになってしまいました。ドイツを抑えるはずのタガが、フランスを逆に呑み込んだという格好です。

だからEUに関しては、フランスにとってはジレンマなんですが、ヨーロッパ諸国間で戦争しないというのが根本のねらいですから崩すわけにいかない。そこで、EUのもとでフランスの経済発展——アメリカとの関係もあります——を求める動きと、フランスの独自性を守るという動きと、労働者の既得権を守ろうとする動きとか、いろいろな思惑や傾向が入り乱れてくるわけです。

フランスでは、一九九〇年代ぐらいまで、自由主義経済の下で経済発展するのが国益だというように、企業体と結びつきながら政治をやっていくという政党があった。それから、戦後レジスタンスが正統性を得たときに、その中軸だった共産党は、一九六〇年代ぐらいまでは常に二五％ぐらいの議席を持っていました。しかしソ連に近かったからだんだん凋落していって、七〇年代にはソルジェニツィン事件とか、世界的な社会主義の退潮があって、急激に先細りになっていきます。

それと、フランス社会党というのがあって――アルジェリア戦争時には政権党でした――、そのミッテランが官僚統治層を取り込んで、最終的に左派連合で政権を取りました。

それが一九八一年のことですが、イギリスではサッチャーが、アメリカではレーガンが登場して、西側の国家経済がネオリベ化してゆく頃で、社会的なものの再編を掲げていた社会党の政治もダッチロールに入ります。日本の総評解体とか、国鉄民営化が思い浮かびますが、フランスでも、共産党系で大きかった労働総同盟が分裂し（今少し盛り返していますが）、働く者の力（ＦＯ）という、日本だと連合のような企業寄りの組合にとって代わられる。

要するに、国家的な経済成長の要請のもとに、社会的なものの維持再編が置き去りになってゆくわけです。そこに環境擁護派が出てきて、錯綜してきます。

一方で、EUの役割もグローバル化の中での地域経済圏形成になってゆく。だから政治的には、いわゆる保革、左右で交代するのですが、政策内容は実質的にあまり変わらなくなって——新自由主義への順応とセキュリティ強化——、この間の社会変動で置き去りになった人びとの投票先がなくなります。前回の大統領選のときもそうですが、既成政党に有権者がノンを言っているということがはっきり露呈してきました。

つまり第一回投票では保守系候補は三位、社会党候補は五位で惨敗、オルタナ左派の候補が四位に入りました。決選投票に残ったのが、極右とされる国民戦線のマリーヌ・ル・ペンと、社会党政権の閣僚をやった金融エリート出身のエマニュエル・マクロンです。

ル・ペンの国民戦線

最終的に極右が嫌われて新党を作ったマクロンが勝ち、ただちに議会を解散した。形としては、日本だと小池都知事の「都民ファーストの会」のようなでき方ですね。けれども、マクロン与党はにわか仕立てで、市民政治といっても軸がないからうまくゆかず、結局はマクロンがエリート仲間たちを集めて、独善的な社会合理化路線を推し進めるということになっていきました。

それを強引にやりますから——フランスの今の大統領というのは強大な権力をもっているし、それが直接選挙で正統化されていますから、国王のようなものです——、ネオリベ政策で周辺化され、労組にも保護されない人たちが、黄色いベストを着てデモを繰り返すようになりました。「もうたくさんだ、まともに生きさせろ」という感じで街々にあふれます。いろいろな人たちが混じっていて雑多だし、政治的展望などないけれど、そういう人たちが社会に大量にいるということです。それが「法と秩序」で弾圧されます。

一方、マクロンの対抗馬になったマリーヌ・ル・ペンはどんな人物なのか。この人は国民戦線の党首で、この政党は彼女の父親のジャン＝マリ・ル・ペンが作ったものです。ジャン＝マリ・ル・ペンはアルジェリア戦争に志願して従軍し、独立反対のグループをまとめて若くして大統領選に出た名うての右翼で、七〇年代に反移民・中絶反対・治安強化などを掲げて国民戦線という党を作りました。「栄光のフランスを取り戻す」（といってもビシー政権につながりますが）の先駆けのようなものです。

その頃から、「アウシュヴィッツはユダヤ人のでっち上げで、ガス室などなかった」「戦後世界はユダヤ人のPRで歪められている」などと主張するグループが登場しますが、それと重なります。こういう主張を一般には、歴史を書き換えようとする、そして起こった事実を否認する、というので「歴史修正主義」とか「ネガショニズム（否認主義）」と呼びます。ル・ペンも同様で、しばしば「舌禍事件」を起こしています。舌禍事件は、たいてい「本音」を言ったために問題になってしまった、ということですね。つまり彼らは、戦後は「本音」を言わせない欺瞞の体制だというのです。

その「本音」というのが無理やりのウソだというところが「修正主義」の問題なのですが、ル・ペンはもう少し筋金入りで、「ガス室？ そんなものは歴史の些末事だ」、「問題ない」、とほんとに「本音」を言います。ユダヤ人を殲滅してどこが悪い、黒人を奴隷にしてどこが悪い、俺たちフランス人（Gaulois）は偉いんだ、というわけですね。

「フランス・ファースト」

国民戦線はそういうわけで、移民排斥とフランス的価値の保守といったことを主張する。だから、党首も古きよき伝統のように家督相続風です。でも、親父があんまり露骨で、それでは大衆的支持を広げにくいから、娘のマリーヌは親父の暴言を処分したりして、国民戦線の衣替えをしました。フランス革命の象徴は、ドラクロワも描いているマリアンヌという女性ですから、フランスでは馴染みますね。

そして国民戦線は、EU主導に反対して国民的利益を守るポピュラー・ナショナル政党だということになります。それが、ここ一〇年程ですが、大統領選挙で決選投票を争うまでになった。

その背景は大雑把に言って、ＥＵの経済統合圧力、それによる国内の産業・社会再編のネガティブ効果と、それに移民問題。その二つがフランス社会を二重に二分化していて、この分断がなかなか治まらず、宥和させるのが難しくなっている。フランスは「反米」的だとも言われるのですが、ル・ペンはアメリカのトランプ大統領登場をいち早く歓迎し、国民戦線の信条も「フランス・ファースト」なんだと言って流れに乗ろうとしました。

移民問題といってもアメリカと違うのは歴史的事情です。アメリカは「自由の国」を作るときに、アフリカから大勢の黒人奴隷を連れてきてしまったから、国内に人種問題が構造化されている。英仏は海外で植民地支配をしましたから、そのツケが植民地独立後の今の移民問題として跳ね返ってきているという違いです。

一九世紀からの流れで言うと、フランスはかつて植民地大国として繁栄した。しかし人類はみな平等、他民族・他国民を、軍事的・暴力的に服従させて収奪し、なにより非人間的に扱ってきたことは悪いこと、許されないことだったというのが、世界戦争後には世界秩序を作るための大原則になったことはすでに言いました。フランスでも、国内での葛藤はありつつ、仏領インドシナは手放し――そこにアメリカが入ってゆきました――、その後、アルジェリアの統合を諦めて独立を認めます。そして六〇年代にアフリカの植民地から国々が独立することになります。

けれども、アフリカの国や社会を再編成するというのは、長い植民地支配の痛手や、西洋的秩序の中への独立といった事情から、容易ではありません。だから西洋諸国との格差は埋まらないどころか、ますますひどくなる。そこで移民圧力が強くなる。

それに対して、フランス社会がどう対応するのかが問われる。つまり植民地支配の負の遺産にどう向き合うかということですね。マクロンは大統領選挙の時、若い政治家としてその責任は認めましたが、それに対する反動がいま、強くなっている。

ちょうどシャルリー・エブド事件が起こったとき、ウエルベックという人気作家が『服従』(二〇一五年)という小説を発表して物議をかもしました。国内対立のなかで、とうとうムスリムがフランス大統領になってしまうというセンセーショナルな近未来小説で、それが事件と重なったのは単なる偶然ではなく、フランス社会の潜在的な不安を表現しているところがあるわけです。

3　人権や平等に疲れて

「戦後的価値」の劣化

そうして見ると、いま世界のあちこちで（といってもいわゆる先進国だけですが）それぞれに起きている問題の基軸は何かと言ったら、それは、**二〇世紀半ばに世界戦争後に立てられた秩序原理を覆そうとする、あるいは失効させようとする動き**だと見ることができます。

「世界戦争」と言いましたが、第一次大戦と第二次大戦とは、一六世紀以来の西洋の世界化運動という観点からすれば、その成就が「世界全体の戦争化」として現実化したという意味で、人類史を画す出来事です。

ここでは詳述しませんが、そういう観点から私は『戦争論』に続いて『世界史の臨界』という本を書きました。それをもとに「世界戦争」という言い方をしますが、その世界戦争を経て、一つになったその後の世界が存続するには、あるいはより破滅的な戦争の中に崩れ落ちないためには、世界の万人が受け入れなければならない原則があるとして、全世界が採用した、あるいはそうせざるを得なかった方向性があります。

それは、政治的には国連体制と、各国の自治と平等ということですが、それを実質化するために各国が推進擁護すべきものとして「**普遍的人権**」というものを規範理念として掲げました。平たく言えば、誰もが人間として生きていける条件の保障であり、これが諸国家の務めだということになります。

その方向性を、もう一度逆戻ししようとするバネが世界的に働いているのではないか。「普遍的」というのは世界的、誰にも適用されるということです。しかし「普遍的人権」などというと、あっさり「きれいごと」と言ってすます風潮があります。最近では、哲学を論じる人たちでさえそんなシニカルな態度をとりたがります。

けれども、普遍的人権があらゆる社会を通じて規範化されなければ、技術的に高度に発達し、統合され一体化した世界では「最終戦争」（つまり人類文明が滅ぶ戦争）は不可避だ、というのが世界戦争の経験から生まれた共通の危惧だったわけです。そのことがいまはもう忘れられている。あるいは、それから七五年も経って状況は変わっている、その状況に対応しなければならない、ということを口実に、初期条件そのものが押し流されようとしている。それが現在の状況のようです。

たしかに、戦後ただちに冷戦状況に入ったため、そこでは「本音」の論理、つまりは「力」の論理が居座ります。その「力」の論理を自己制御したのが核抑止、いわゆる「相互確証破壊」（ＭＡＤ）というものですね。戦争を抑えられるのは核兵器しかない。その「力」の論理で守られてこその「自由」であり、「人権」なのだというわけです。

だから、相互破壊の「恐怖」で凍結されていた戦争が、一方の破綻で解凍されたとき、「自由と民主主義」が世界共通の価値になったと言われ、「戦後」の基本条件が改めて確認されるはずだったのですが、そうはいかなかった。長く冷凍した食品が劣化してしまうように、「戦後的価値」もかなり劣化してスポンジのようになっていたのです。

大きな規定要因は、最後の単独勝者となったアメリカという国家の性格と、その社会に埋め込まれた傾向の問題ですが、あとひとつは、冷戦期の世界的競争でさらに科学技術が発展し、それを駆動力にした経済成長で一見「世界は豊か」になり、それが「戦後」の危機など流し去ってしまったという思い込みです。

それが思い込みだと言うのは、原発利用のように、核廃棄物（原発プラントそのものも含めて）処理とかの未解決の問題は、使っているうちに技術の進歩で解消されるだろう、として利用を進めてきたけれど、半世紀たっても解消の見込みも立たないわけです。要するに**科学は「解決」をもたらさなかった**。科学の未来は脱出口ではなかったのです。

冷戦後は世界の分断が解かれてグローバル化と言われる状況になりました。そのとき、世界の統合のベースは政治から市場経済に代わっていました。

市場原理が国家を呑み込む

経済の展開は一九世紀には国家に依存していました。市場の拡大は国家の拡張に依存して、それがそのまま国力の増大になりました。学問も政治経済学だったのです。政治は国家の事業です。ポリティクスはもとはポリスという共同体の事業で、政治はそのユニットの統治に関わるからです。国内の統治と対外関係ということですね。

ところが経済は、基本的には「私的」な営みということになっていて、個人（法人を含みます）を単位とするだけでなく、国境を越えて市場を形成し、拡張してゆきます。しかし、経済的アクターの振る舞いは、産業資本と国民国家の時代と、グローバル経済の時代とでは違ってきます。そこでは国家も経済成長が必要だというので、経済的アクターに依存するようになるけれども、そのためにいつの間にか国家は、実質的に国民をまとめるというより、主要な経済的アクターたちの乗り物になってしまうわけです。

それが、「政治の後退と経済の優位」とか「国家対市場」といった形で論じられながら、新自由主義的な世界の変容として語られてきたことです。「規制緩和」「市場開放」というのは、経済に対する国家の拘束を解いて、あらゆる社会的活動を私企業の自由と市場の決定に委ねよ、という要求ですから。

そうしてグローバル化とともに、国家の政治（地域的な統治）そのものもグローバル化のなかでの市場原理に委ねられるようになる。つまり、市場に受け入れられないと有効でない、受けるものがいい政治だということです。

　民主主義につきものの選挙も、マーケティングの対象になり、政策やビジョンは国内市場での商品のように扱われます。それを「脱イデオロギーの時代」というわけです。ただし、その際のいわゆる消費者の欲望は、流布した通俗的なイメージに流されがちです。「消費者」と言いましたが、グローバル経済では生産プロセスよりも消費局面が表に出されます。労働問題とか環境問題とか、いろいろな事情の絡む「生産」ではなく、万人が原理的にはフラットなアクターとみなせる「消費」の局面を前に出して、消費を拡大することが経済を拡張することだとみなされるわけです。政治の商品化ということも、そのような「消費社会化」とともに起こります。

　このようにグローバル市場の成立によって、市場原理がポリス的統治の課題を呑み込むようになる。そのとき、**国家の役割が限定されていくというよりも、経済システムの自動化に役割を吸い取られていく、そして秩序維持に課題を限定してゆく**ということです。国民のために経済を運営するというより、経済システムの貫徹に身丈を合わせて、その使用人のようにして動くようになるわけです。だからそこでは国籍を超えた法人企業や投資家が大きな影響力をもつことになります。

国民は使い捨ての資材に

つまり、国家（政府）は経済成長を金科玉条としますが、それは国民をまとめていっしょに「成長」するということではなく、企業のために労働力を管理するようになるのです。だから、じつは外国人でも何でもいい。そして、国民も国土（水、農業、風景）も、あらゆる「国家資産」は企業活動の拡大のために市場に投入されるようになる。

それがいま現実に日本でも進行していることです。人（労働力）も、土地も農業も山林も、湧き水も水道も、みんな民営化、つまり私企業に委ねて、その分、市場が拡大して経済活動が活発になる。いま言った「国民資産」のようなものを「パブリック・ドメイン」つまり公共領域と言うのですが、それを確保し維持する役割を捨てて、公的機関である国家が私的な経済活動のエージェントになってしまったということです。

もちろんそのとき、いつも政治家たちの利権が絡みますね。公共物が私営化されるわけですから、規制緩和のたびに経済エージェントから政治家たちに利権がまわるわけです。そのことが、いまでは「国策」にまで高められています（経済財政諮問会議や、経済特区指定）。

要するに、**「国民」というのは、国家の保護枠から放り出されて、グローバル経済に参画するさまざまなグループや法人の、使い捨ての資材とか売り物になっている。**けれども、それをあからさまにはできないから、うまくごまかして国家と国民の繋ぎをしてくれるようなイデオロギーは大歓迎というわけです。

そこでいわゆる「社会」が解体されてバラバラに放り出され、いまやネットで繋がるだけの（そこにさえアクセスできない人たちもいますが）無数の人たちを、どうやって統合集約していくかというのが、それぞれの国家にとっての課題になっているわけです。だから実は、政治そのものが「フェイク」と化している。

経済原理によって「解放される」ということは、結局、個々人がバラバラに分断されて、そのことが「自由」だと言いくるめられる状況です。役立たずとなると「個人」としてさえ認められません。こういうことから分かるように、「個人」として認められるというのは同時に「人権」を認められるということなんですね。

それを主張すると、今度は、自由な体制なんだから何があっても自己責任だ、ということにされる。そういう論理が用意されています。「民営化」の下ではみんな「個人事業主」、体一つ以外に資産がなくても自営業者なんだ、と。「民営化」(privatization) という単語はほんとうは「私物化・私権化」であって、翻訳でうまくごまかしています。

ライプニッツの言ったモナド（単体）というのを思い出します。それをもじって『モナドは窓がない』という小説を書いた人がいますけれど（田中小実昌、一九八六年）、この寄る辺ないモナドを繫げているのは、あいかわらず言葉なのですが（モナドもつぶやきますから）、今ではそれがネット端末としてのスマホです。それを通したコンタクトのないコミュニケーションが、最低限のアイデンティティ・ベース、居場所になっている。そしてそこがかつての共同体意識、国民意識の逃げ場でもあるわけです。

平等社会は再階層化している

これまで、戦争や経済の変化を軸に、いまの世界で、そしてその中の日本で、何が起こっているのかを見てきましたが、このことを、人間のあり方、社会のあり方という面から考えてみると、ちょっとこわい事態が見えてきます。

先に取り上げた戦後秩序で言うと、日本でもアメリカでもヨーロッパでも、根本は「人権」を立てて、そのかぎりでの「平等」を制度化してゆく、というのが一元化した世界の共通原則になったということでした。

ところがそれから半世紀以上経って、それを「岩盤規制」だとして突き崩そうとする力が執拗にはたらき、世界はその方向に流れている。そしてそれが受け入れられている。サッチャーもトランプも安倍晋三も支持されてきた（実情は別として）ところを見ると、結局のところ、**世界の人びとは「人権」とか「平等」ということを支えにして社会を組んでいくことに、もう疲れて、倦んできているのではないか**ということですね。

人権や平等は、まずアメリカの憲法で謳われて、それからフランスの人権宣言で明確化されました。当然ながらそこにはそれぞれの脈絡があるわけですけれど、政治社会的な出来事として、アメリカ国家がイギリスから分離独立するときに、国王はいらない、つまり人はみな平等で、あらゆる人が自由に生きる権利がある、そして幸福追求の権利がある、それを保障するのが国家の役割だというわけですが、その「自由」の内容は幸福追求で、それは結局、私有財産制度を根拠にした金儲けの自由、ということになります。

フランスの場合はもっとはっきりしていて、万人は生まれながらにして平等な権利を持つという。そして私有財産は神聖にして侵すべからずと書いてある。では、持たざる者は実質的に平等ではないのかというと、「博愛」があるから大丈夫、というわけですね。要するに、資本が金を生むその自由主義経済社会は、道徳形而上学に裏打ちされているから大丈夫というので、自由・平等・博愛が近代社会の礎とされたわけです。

そういう埋め込みがあるから、二〇世紀になって社会主義が現実化しても、マックス・ウェーバーは、資本主義のベースはプロテスタンティズムの禁欲・倹約の倫理なんだと言うことができた。そして誰もがそれに乗ったわけです。

それなのに、植民地支配ができたのは、西洋以外のところは「文明」の届いていないところで、同等に扱うわけにはいかない、ということですね。だから鎖でつないで、あるいは文明的に統治して、開化させてやると。しかしその排除と差別はヨーロッパ（西洋）内部にも跳ね返ってきて、ユダヤ人とかアラブ人とかを差別する傾向を助長することになります。そこで西洋の世界展開が、二度の世界戦争という形で破綻してしまった。

その結果「ニューノーマル」が形づくられたけれども、それは、経済的自由の無制約化によって実質的に超えられてしまった。そして今ではどこでも、「一パーセントの金持ちと九九パーセントの困窮者」。これはほとんど不可逆的で、その階層は世代を超えて再生産され、どこでも社会は再階層化されています。その一方で、「社会防衛」の意識は共有され、反対や不満の表明は「危険要因」としてすぐに隔離・除去されます。それを誰もが求めているのが実情です。

その傾向が、アガンベンなどの言う「セキュリティ（安全保障）国家」を創り出している。そこでは、露骨な場合には、「一パーセント」は厳重な障壁と警護システムで隔離された一画に住むことになる。イスラエルはその先駆形だし、アメリカ西海岸にも、早くからこういう形が見られたようですね。ソ連崩壊後に復興したモスクワでも見られます。

結局、**平等社会は「自由」の拡張のなかで再階層化している**のです。

第2章　アメリカの大転換
90年代末〜対テロ政策へ

1 その成り立ちと「自由」

アメリカという特殊形態

日本と国際世界というとき、日本ではだいたいアメリカのことしか見ていないという傾向があります。とりわけ戦後の日本ではアメリカが規範的に作用しています。

つまり、何でもアメリカがいいという傾向があって、それがもう習い性になっていて、アメリカを相対化するのがとても難しい。とくに政府が「国際社会」と言うとき、これは事実上アメリカのことを指している。少なくともアメリカを主導国とする世界、アメリカ的に見た世界ですね。

たしかにアメリカは、二〇世紀には世界に冠たる国になって、政治・経済・学問・科学技術・文化、そして生活様式まで、あらゆる領域で模範と受け止められてきました。たしかに、素晴らしいものを多く生み出してきましたが、あれはきわめて特殊な国なのです。

他に類のない特殊な文明像を作り上げて、なおかつ世界の主導国になったので、いつの間にかそれがノーマルに思われ、それを指摘したり批判したりすると、偏っているとか、変だなと言われて、最後には「反米」だねといって片づけられる、それほどアメリカはノーマルだというわけです。

でも、ちょっと考えてみてほしい。アメリカ合州国はわずか二世紀半ぐらい前にできた国です。それも前からあったものを全部潰して「新世界」だと主張し、建国する時は、その頃にできたヨーロッパの国家間秩序から離脱して、「ユナイテッド・ステーツ」つまり国家連合を作ったのです（それまでヨーロッパでは、普通の国はステートでした）。

そして初めから産業革命をもってきて、新開地で一気に世界一の産業国になってしまった。その動力は、自然の不動産化、登記簿上のデータ化・資産化、個人の欲望の解放と市場化です。その結果、二〇世紀の特に後半になって、発展する文明のリーダーと仰がれていきました。

アメリカとは何か、というのは問われることのない問題です。それが「ノーマル」だから。しかしそこを問うておかないと、日本と世界との関係ということも視野が歪んでしまいます。だから、アメリカとは何か、ということを考えておきましょう。

「無主の土地」の自由

この国は、イギリスのようにエンクロージャーによる農村解体でさまざまな社会的軋轢を経る、などという手間ひまをかけずに、開拓するはなから私有化された土地を資産に、産業化で一気に経済社会を成立させることができました。古いローマ法の用語で「無主の土地」というのがありますが、あの「新大陸」はヨーロッパ人には「無主」とみなされた。つまり手がついていない「フリー」な土地、誰でも手に入れられる「自由な」土地だとされたんですね。そこに以前からいた人たちは、そんな法は知らないから無権利者にされてしまう。だから暴力的な抵抗が生じるけれども、それは「無法」なやり方だから「正当な」武力で征伐する。それが「法と秩序」です。

アメリカの「フリーダム」の出発点はそこです。ついでに言えば、銃で「自由」を作り出したわけですから、銃を規制することは、みずからの成立の手段を否定することになるわけで、それには抵抗が非常に強い。

われわれが「アメリカ」と呼ぶところはそういうふうにできた。それがイギリスから独立して「自由」を得たというのですが、その「自由」を王権から独立させたわけです。そのときはヨーロッパから出てゆくというかたちをとりました。

けれども、一九世紀の終わりにはイギリスを抜いて工業生産力で世界一になります。それからは海を越えて進出し、二〇世紀に入って「古いヨーロッパ」が第一次大戦で疲弊して衰弱していくそのときに、ヨーロッパが敷いた世界秩序の後継者として君臨することになります。いわば、勝手に家を出ていった放蕩息子が、羽振りがよくなって、しょうがないなと、老いたオヤジたちの面倒を見に帰ってきた、というのがヨーロッパとアメリカの関係ですね。どこに帰ってきたのか？　西洋的な世界秩序の中軸へ、です。

その頃にちょうど、日本とかソ連とかの違うファクターが登場して、アメリカはその同世代のようにも見えますが（アメリカの南北戦争は、明治維新とほぼ同時期です）、世界全体としてはいわばそういう家督相続が起こったわけです。

モンロー主義とアメリカの「解放」

私は「アメリカ合州国」と書きますが、ユナイテッド・ステーツだからそう表記するのが当然です。その合州国は、ヨーロッパの王家を基盤にしたような、そういうタイプとは違って、初めから民権的かつ分権的な、それぞれのステートが集まってできた連邦国家です。これはウェストファリア体制の外に出て、違う国家秩序を作ったということです。宗主国イギリスと闘って独立したので、その限りで一国になったということですね。

この連邦国家は、戦争の原理で争い合う古いヨーロッパ秩序（領土獲得で競合する主権国家群）と決別して、大西洋の彼方に自由な「西半球」を作る、だから古いヨーロッパはこの「新しい世界」に手を出すなと宣言した。それが欧米の相互不干渉を掲げた**モンロー主義**の始めです。

だから西半球さえ「新世界アメリカ」であれば、古いヨーロッパなどどうでもよかったのですが、それが戦争原理で潰れてしまう、つまり世界戦争で潰れてしまうとやっぱりまずいわけです。自分も含めて「西洋の没落」ですからね。そこで、「古いヨーロッパ」を引き継いで西洋の家督を継ぎ、以後はアメリカ原理で西洋化した世界秩序を仕切ってゆくという役割を引き受けたわけです。だから、第一次大戦後の国際連盟は、大統領のウイルソンが提唱したにもかかわらず、議会が反対してアメリカは参加しなかった。老いぼれ親のことなどどうでもいい、俺たちはこっちで楽しくやろうぜ、というわけです。それが「アメリカ・ファースト」の原型ですね。

戻りますが、アメリカは「古いヨーロッパ」に対して、自分の「新しさ」をどう表現したかというと、ヨーロッパの王国は力ずくで世界を支配しようとした。その上基本はカトリックです。けれどもアメリカはプロテスタント起源で、みずからがその帝国支配から「自由」を勝ち取ったように、世界を解放して「自由」の盟主になるんだというやり方です。その最初が一九世紀末の米西戦争で、キューバとフィリピンを古いカトリック帝国スペインから「解放」します。

でも、実際にはまず軍事占領をして、私有財産をもとにした市場経済を植え付けます。というより富裕層と権力層を作ってそれに国を統治させるわけです。そうするとそこは実質的にアメリカの経済圏に組み込まれ、アメリカ資本が自由に収奪できるところになる。現地の支配層はそれで儲けますから、みんな「親米」化します。「アメリカ様」です。

しかし、現地でそれに対する住民の不満が高まって反抗が起こると、ただちに「自由」を守るため、つまり体制維持のために軍事制圧に出ます。それがいわゆる「アメリカによる解放」の実情で、「解放」されたところは「親米国」になる、つまりアメリカの市場になる。そしてとりわけ「新世界」の一部であるラテン・アメリカは、「アメリカの裏庭」と呼ばれるような状態になったわけです。

これが「新しいヨーロッパ」のやり方だというのですが、このような「解放」や「民主化」の論理は、冷戦期も、グローバル化の今でも変わりません。

「西洋」は「文明」の別名

世界戦争の時代にはモンロー主義はアメリカの内的な足枷《あしかせ》になるのですが、「解放」の論理は国境を越える経済構造を足場にしているのでますます通用して、アメリカはその後、世界運営の主役を担うようになりました。

アメリカとヨーロッパとの間にはそのような切断と連続性があります。それを踏まえておかないと、二〇世紀世界を語るときに話が錯綜してくるし、その後半からはまた別の

「東西対立」というのが基軸になって、さらに記述の仕方が面倒になります。私は「西洋」という言葉を意識的に使っています。よく「西欧」という言葉も使われますが、これが「西ヨーロッパ」を指すとするなら、ヨーロッパが限定されてしまうし、何より、そこにはアメリカが入りません。だから、ヨーロッパとアメリカの連続性を含めて言う場合には「西洋」と言う必要があります。

日本語では「西洋」と訳されますが、元の呼称は「オクシデント」で、この発端は四世紀のローマ帝国分裂のときの西方と東方との区分です。東方が「オリエント」で西方が「オクシデント」。その「東西」がずっと使われて、ヨーロッパの世界展開の端緒でも、西インド航路とか、東インド航路とかにも反映され、インドや中国は「オリエント」(ビザンツ)の延長に置かれます。その伝で行くと、アメリカは当然ながら「オクシデント」です。「西」の展開の延長ですから。日本は島国で他所からは海路で来るので、それを「西洋・東洋」と訳したわけですね。「洋」が適切かどうかは今では疑問がありますが、「オクシデント」の訳語だということで私はこれを使っています。

さらにその地理的関係は、第二次大戦後の冷戦期の「東西」対立にも重なります。ヨーロッパにおけるオーデル・ナイセ川沿いの東西分割線は、ほぼ東西ローマの分割線に重なっていたんですね。ヨーロッパではその歴史的背景への了解があります。

いまでも、この「オクシデント」の規定は生きていて、ときに、「西側」という言葉が使われます。「西側諸国と価値観を共有する」とか。これは外務省のホームページにも出てくる表現です。「世界」ではなくて「西側諸国」と限定されている。そしてその中身はじつは「文明」とも言い換えられます。「文明諸国」、つまり「西洋」は「文明」の別名なのです。それは、いわゆる「テロとの戦争」が「文明を守る戦い」と言われることとも符合しているのです。

所有権に基づく自由

アメリカは、そういう「オクシデント」を体現する国になった。そのあり方が現代文明として受け取られているわけです。

ところで、合州国という国家を形容している「アメリカ」ですが、それは何の名前なのか？　私はある特殊な「制度空間」の名だと考えています。

基本にあるのはまずは「**所有権に基づく自由**」です。これはジョン・ロックの命題ですが、要は制度としての自由です。そして自然物の物件つまり資産への転換。自然はそのままでは何の役にも立たず（後には観光資源になりますが）、権利の対象、つまり財産にして初めて役に立つ。奴隷も動産扱いです。動く家具とか道具ですね。

そういうふうに、すべてを権利の対象というフィクショナルな人工物に書き換えてゆく。こうして人間の「自由」、つまり恣意的支配が現実化され、制度として保障される。そうしてできた「新世界」の名前がアメリカなのです。

その端緒が先住民の掃討、そして大地の不動産化です。この自然物の書き換えの全面化に、科学技術と社会のマネジメントが大きな威力を発揮します。物も人間の扱い方も、すべては科学的と言われる知識に置き換えて、その知識には知的所有権がつく。やがては生きた人間も遺伝子情報に解体されて、扱われる物になり、それにも知的所有権がつく。すると知識がお金になるから、その蓄財意欲が「開発・進歩」の動力になるのですね。

そこで大事なのは、価値をもつ、お金を生むのは、現物よりもその所有権の対象の方です。大地よりも登記簿上の不動産、生身の身体より数値化され管理される労働力、生活より科学的マネジメント、そうして開かれるのが『すばらしい新世界』というわけです。オルダス・ハクスリーがこのタイトルの小説を書いたのが一九三〇年代初頭でした。

まさにフォードの自動車産業が、工学的にこのプロセスをみごとに社会化し、そのような「アメリカ」を全面開花させました。だからこの小説では、ハイパーモダンを先取りする「新世界」の管理統治の中枢に、生きたＡＩのようなフォード神が君臨しています。ハクスリーの小説は「新世界」の本質をとらえて未来に投影した「すばらしい」空想ですが、現実の方でも、ナチス・ドイツと戦う時期に、それまで私的自由の競争に委ねられていた技術開発が、国家戦略として統合されてゆきます。ルーズベルトがヴァネヴァー・ブッシュというMITの科学者を大統領補佐官に登用して、戦争下で科学技術と社会運営をすべて結びつけて展開するようになる。だからそれ以後、科学者の影響力は国家政策上も強くなるのですが、戦後は主導権は民間に移ってゆく。そんなわけで、AIを生むことになるサイバネティクスも戦争直後の民間会議（メイシー会議）から生まれて、その成果はすべて私的権利の下に置かれています。

そういう文明社会で人びとのメンタル面はどうだったかというと、大量生産で大量消費、浪費的な生活がPRのイリュミネーションの下でもてはやされる。金のない人でも、フォードの労務管理――性の管理も込みです――でしっかり働けば、フォード車が買える（このあたりはイタリア人のアントニオ・グラムシがよく分析しています）。

あとは「アメリカン・ドリーム」。それがやがて世界の消費社会化を推進しますが、消費社会で投機の才覚があれば誰もが豊かになれる。自然物とかに依存して、余った藁で履物を作るなんて野蛮な、貧乏くさいことはやらなくてもいい。必要だから作るんじゃない。便利なものを作って欲しがらせて売ればいい（ヴェブレン『有閑階級の理論』）。経済は消費で回る。失敗するのは才覚がないからだ。落ちこぼれるのは努力が足りない。こんなに

「自由」なんだから、社会正義なんていらない。そんなのは貧乏人の恨み言だ。自由こそが正義で、自由こそが公正ではないか、と。それで、消費社会の「アメリカン・ウェイ・オブ・ライフ」を謳歌する。今のネオリベ社会のようだと思われるかもしれませんが、ネオ・リベラルの「ネオ」というのは、この「新世界」の「新」だとも言えます。

その繁栄が地球のイリュミネーションのように輝くから、みんなアメリカに憧れてアメリカのようになりたいと思う。「世界に冠たるアメリカ」。だからいつの間にか、これが「文明」のモデルのようになってしまいます。そしてそれを支えたベースが私人（生きた人というより、制度的に人間とみなされる存在）を重んじる自由と、その意思を反映する民主主義だということです。

ただし、同じく民主主義を掲げても社会を重視する社会主義・共産主義は蛇蝎《だかつ》のように嫌います。それは私有財産の神聖を否定しますから。アメリカ的自由主義では、私的排他的所有権があらゆる権利の基盤であり、独立宣言や憲法にはそれが、幸福追求の権利として書き込まれています。

「例外的国家」がノーマルに

そんな「新世界」の在り方が世界に規範的な力を及ぼしています。けれども、そんなことは他のどこでも成り立たなかった。それは、「出エジプト」を目ざしたヨーロッパの新しいキリスト教徒たちが、この地を「新大陸」とか「処女地」とみなしたからできたことです。そういう意味では異常なこと、例外的なことです。

近代政治学では、力が法である状況、つまり法秩序が宙吊りにされて力だけがものを言う状態を「例外状態（l'état d'exception）」と言いますが、まさにここは西洋人が決めた「自由」という「例外状態」に成立した「例外的国家」だったのです。

それが二〇世紀半ばには世界の鑑、主導国、規範国になってしまった。そして規範化されたその「例外状態」を力で世界に押し広げる。いわゆる「自由」を輸出すると同時に、他地域の人びともみずから進んでそれに同化するようになってきた。それが世界の「アメリカ化」と呼ばれる事態です。

そのような「アメリカ化」のなかで、戦後の日本は優等生です。初めは戦争に負けて占領されたから仕方なく、でもそれ以後は「みずから進んで」、「自然」なこととしてその秩序に同化しようとし、社会で力をもつ人材はまずアメリカに留学して、「アメリカは進んでいる。だから日本はダメなんだよ」という頭になって帰ってきます。そういう人たちが各界のリーダーになるから、日本中でこの「アメリカ」の異常さに気がつかなくなってしまいます。

だから国際関係でも、アメリカから見たこと、アメリカの主張が規範として、ノーマルなものとして通用します。アメリカが軍隊を送り込んで戦争をしてもそれはノーマル。現地を「共産主義から解放する」ための「ベトナム戦争」だし、「テロリスト退治のためのアフガニスタン爆撃」だし、「独裁政権から解放する」ための「イラク戦争」です。作戦名も「不屈の自由」作戦ですね。

太平洋を越えてアメリカが軍隊を送ったために戦争になったわけで、ベトナムにしてもイラクにしても現地は大きな迷惑なのですが、世界は「ベトナム戦争」とか「イラク戦争」とか呼びます。二一世紀になってからアメリカの「ユニラテラル」な姿勢がいくらか問題にされましたが、そういう批判は事実指摘ではなくアメリカ批判だ、「反米」だということにされる。それほどアメリカが問われることのない基準になっているのです。

無徴のインターネット・アドレス

トランプのような人物が大統領になっても、大統領はアメリカの代表ですから、彼の公私の発言はアメリカ当局の意思表明ということになります。そうすると、いかにおかしな発言であっても、メディアは「アメリカはこう言っている」、とあたかもそれがまともな主張であるかのように扱います。

私がとくに気にしたのは、ベネズエラ報道についてです。親米政権を終わらせたチャベスは「独裁者」で、それを継いだマドゥーロ大統領も、市民の自由を奪っているから、正しいアメリカが厳しい経済制裁をして政権を追い込む。あるいは、マドゥーロ体制の経済政策の失敗とそれを糊塗する弾圧でベネズエラに人道危機が起きているから介入も辞さないと主張する。

すると世界、とくに「西側世界」は、アメリカの主張をそのまま受け入れて経済制裁に協力する。西側の主要メディアもそうです。実際にはアメリカの強引な経済制裁がベネズエラの市民たちを苦境に陥れているのに（経済制裁はそのためにやる）、それを不都合な政権のせいにして、国際社会にも同調させる。日本もそうで、朝日新聞などは「保護する責任」があるから軍事介入せよ、と言わんばかりの社説まで出していました。

この件は、キューバ政策にも長らく見られたように、ラテン・アメリカを当然のように支配下に置くという合州国の伝統的な意思の表れに他ならないのですが、これが「自由の盟主」を名乗るアメリカの規範的な振る舞い、ノーマルな対応として受け入れられてしまう。だからベネズエラの事情を理解して仲介しようとするのは、南米カリブの小国やアフリカ諸国だけになってしまいます。このことではトランプも批判されない。

こういったアメリカの規範力の発揮と、それに対して他国が無頓着に従っているという状況を、とてもよく象徴しているのは、インターネットのアドレスでしょう。日本のアドレスには最後に「ドットjp」がつきます。「ne.jp」「co.jp」「ac.jp」などですね。フランスのアドレスも「co.fr」が付きます。中国なら「co.cn」。

しかし、アメリカのアドレスは「ドットam」なんてつきません。なぜか？　アメリカが標準だからです。インターネットはもともと米軍が世界戦略のために作って、冷戦が終わる頃、それを民間開放してグローバル化推進のベースにしたものですから、後から入れてもらった者にはその印がついているわけです。

言語学や人類学の用語で、有徴、無徴という区別があります。徴というのは、徴候の徴で、目印があるかどうかを言います。というより、標準的なものには特別の印はなく、そうでないものには印がついている。それを有徴といいます。

他の例だと、「マン」は無徴ですが、それに対して「ウーマン」は「ウー」がついて有徴です。オスの「メイル」は無徴、メスは「フィーメイル」で有徴。これは西洋語の特徴です。言葉がすでにそうで、それが社会制度的に反映されている。ちょっと意地悪な例ですが、日本語の男・女は別の言葉なのに対して、西洋語では、マンは男で人間一般、ウーマンは特殊な印付きの亜種なわけです。ネット・アドレスも同じで、アメリカのアドレスは無徴、それ以外のアドレスはアメリカではないから色付き・マーク付きです。

そのことを誰も別に気にしませんが、まさにその印付け（マーク）を気にせず誰もがありがたくネットを使うという、これがアメリカと世界との関係のあり方です。とくに情報流通にはそれが典型的に表れます。だから、メイド・イン・アメリカのニュースが無徴で通り、それ以外の観点からのニュースは色付きということになります。

英語が世界標準になるという現象もそれと同じで、とにかく国を挙げて英語を話せるように教育するなどという傾向もありますが、みんなマークを消して標準になりたいというのが全般的な傾向のようです。それぐらいアメリカが世界の「鑑」になって、もはやそれが鑑だということを全世界の人たちが意識しなくなっている。鑑・鏡というのは自分の姿を映して見るものですが、そこに映る姿がアメリカ人であるように誰もが身づくろいする。それがアメリカの規範力の浸透だということです。

2　格差と不満

「アメリカの没落」

それがようやく変わり始めてきたのが二一世紀の頭です。どうも、それがおかしいんじゃないか、この鏡は歪んでいるんじゃないか、と気がつく人たちがだんだん増えてきた。

それに気づかせたのは、9・11以後のアメリカの戦争志向、あるいは軍事的な世界経営の意志と、二〇〇八年のリーマン・ショックで明らかになった金融支配ということです。銀行が規制を外せと言って好き勝手にやりながら、破綻したら国費にすがりつく。「自由」のからくりを、これはまずいんじゃないかと誰もが考えざるを得なくなった。

アメリカというものの規範性（感染症にも似た）について強調しましたが、それに留意することは、ほんとうに自由にものを考えるためには必須のことでしょう。

規範化で言えば、日本では明治以降、何にしても近代化しなければならず、あらゆることを西洋を物差しにして考えるようになりました。国のあり方は言うに及ばず、ものの考え方、社会の組織の仕方、あらゆることにおいて、西洋規準でした。個々の案件で、フランス・モデル、ドイツ・モデル、アメリカ・モデルと違いましたが、大きく言って西洋モデルです。天皇制さえ、中央集権国家にするために、キリスト教社会を研究して、特異な疑似一神教体制を作り出していったとも言えます。

それがどれほど浸透していったかというのは、われわれの日々着ているものとか、食べ物を見てみればわかります。洋風であることが推奨され、求められ、やがては普通になってゆきます。便利だから、都合がよいから、かっこいいから、というのではありません。そうすべきだ、しなければならない、それでないと遅れているとみなされて、みんながその方向に従って、それが日常的な規範になったわけです。

こういうことは、とりわけ教育を通して進んでゆきますが、ひとつ例をあげましょう。医学です。明治初期に大学に医学校（医学部）が作られます。もちろん医学研究と医者を養成するためですが、やがて医師は国家認定になり、医学校を出ていないと医者になれなくなります。しかし大学では西洋医学しか教えません。そしてそれまでの漢方は公式の養成コースからは排除されます。遅れた因習だというわけです。

それ以降、日本の医療はそれまで千年以上続いて、それなりに社会に根付いていた漢方由来の医療を放棄し・排除して西洋化しました。それがいつの間にか普通になって、もはや誰も日本の医療体制が西洋由来のものであることさえ意識しなくなります。そこには漢方蔑視が当たり前のこととして組み込まれています。針灸とか経絡なんて、無知の上に作られた迷信だというわけです。

ところが、一〇年ぐらい前からアメリカが揺らぎ始めた。基本的には二〇〇三～〇四年ぐらいから、国際政治学や社会学、あるいは歴史学などから「アメリカの没落」ということが言われるようになりました。現実を見てみると、徐々に破綻とは言いつつも、アメリカは依然世界の最大・最強国だし、規範的影響力というのはそれぞれの国に内在化されて長く続きますから、その意味では没落なんてまだまだ先の話です。でも、早く言ったほうが勝ちのようなところがあって、多くの人たちが言うようになりました。

アメリカの中国脅威論

そのアメリカ・バイアスが強く現れるのは、とりわけ中国に関する見方です。最近の新型コロナウイルスの問題でまた強調されていますが、アメリカには、一般的な中国脅威論があるようです。けれども、近代の歴史を踏まえてみても、中国を世界秩序や規範の異物として見るのは、実はおかしな話です。

アメリカからしてみれば、冷戦時代の癖で、まずは共産主義国だからと敵視する。ところが冷戦が終わっても、こんどは共産党一党独裁国家だと決めつけて「文明国」とはみなさない。その敵視は、この一〇〇年以上ずっと見下してきた中国がグローバル化の時代になって、いつの間にかあらゆる面で強力な対抗勢力になってきたことへの反発、あるいは脅威に根ざしているわけですね。

近代の記憶の中では、辮髪《べんぱつ》を垂らしたオンボロなチャイナ、それから人間だけ多くて貧しく、やがて共産党の赤い群衆がイナゴのように跳梁するチャイナ、そのチャイナが共産党の独裁体制の下で、アメリカから技術を次々に盗み、公正でない商売・貿易であら稼ぎし、とうとうグローバル大国になろうとしている。冷戦で締め上げてきたから、鍛えられた軍事力はもちろん脅威です。核兵器も十分あるし、最近は空母だってある。それがアメリカ第七艦隊の縄張りである東シナ海にも出張ってきてけしからん、というわけですね。

しかし中国のふつうの人たちからすれば、義和団の乱から百余年、西洋諸国にいいように踏みにじられ、ようやく自立、世界からの孤立の中で、厳しい内争も経て、とうとう自力でここまで来た。二〇一九年は建国七〇年、なぜその上いじめるのかと思うでしょう。

中国異物視はアメリカだけでなく、ヨーロッパの一部の見方でもあるし、日本にも共有されています。ヨーロッパはそれでも、みずからが歴史的形成物だということを分かっているし、一七〜一八世紀まで中国が自分たちより古くから別の文明を築いてきた地域だと知っています。アメリカはそれ以後にできて、世界に展開したときには中国は西洋に食いつくされるだけだったから、古い中国を知らないわけです。

しかし、ヨーロッパあるいは西洋は、まさにそれ以降に世界に展開して、この二〇〇年来、世界を制してきました。最近の中国の台頭というのは、その時代が終わりつつあることを示しているのです。

日本は、明治以降の「脱亜入欧」で、一般的には西洋化したと思っていますから、そういう中国脅威論を無意識にもちがちです。しかし、まさしく世界は動いています。その動きの中で、日本はどういう国だったのか、そして日中関係を含めてどうありうるのか、というのは、今だからこそ根本から考え直してみる必要があるでしょう。

生活経験とかけ離れた未来

今なお、アメリカが文明の規範になっていて、将来の成り行きも方向づけています。世界が進んでゆく方向を牽引するものとして、ＡＩ情報技術、高度先端科学、生命科学、あるいは宇宙開発等が展望されています。昔いつの間にか立ち消えになった宇宙旅行とか、宇宙戦争ですね。なかでも、われわれの社会生活に直に関わるのが自動車の自動運転などに代表されるＡＩ情報技術です。それはわれわれの生活の基本モードを変えてゆきます。サイバネティクスの延長で、これから生身の人間の関与はシステム全体の効率的な運用には邪魔になります。だから人間の関与を極力減らしてゆく。

そうすると、一方では働き口がなくなるとか心配されますが、それは全体的生活をいっそう便利にして、社会のあり方を円滑かつ合理化し、人間はますます自由になり幸福になる、それが進歩・発展だと言われています。モダン、ハイパーモダンを超えて、ポスト・ヒューマンだとも言われます。

そこでは一人ひとりの可能性が自由に展開されるとか、個人の能力もＩＴとか、ＡＩでさらに拡張されて、夢や希望が果たされると語られます。でもそういう夢や希望は、かつての一家に一台テレビ、電化製品、蛍光灯が夢であったようなのと大分違う気がします。人類の未来とか夢として提示されたとしても、それがあらゆる人びとの希望なのかというとそうではない。

つまり、それは私たちの日常的な生活経験の感覚とはかけ離れている。スペースXやテスラ社、それにペイパルを興したイーロン・マスクが、テスラの電気自動車を積んでロケットを飛ばしているし、宇宙観光産業まであちこちで起こっています。が、誰もがみな隣町に行くように宇宙に行けるわけではけっしてない。

そんな計画を立てて、人びとの耳目を惹くことができるのは、桁違いの富を築いて、かつてアメリカ国家の夢を担っていたNASAまで金で買えるイーロン・マスクとか、ビル・ゲイツとか、ベゾスのような人たちだけでしょう。

そんな一代成金がどうして可能になったか。

これはテクノロジーのデジタルIT化以後顕著になったことですが、コミュニケーション・ベースがIT化して、あらゆる人間がコンピュータを使わざるを得ない社会になり、社会生活のインフラになってしまったものが、アメリカ国家の影響力で世界に押しつけられる一方で、私的所有権の下に置かれているからです。

この場合の私的所有権というのは、知的所有権です。つまり全人間の生活インフラであるものが私的権利化されて、そこから生まれる富がその所有権の保持者に集中しているわけです。これは、自然の山川を私的所有に委ねたことの延長です。

これまで工業製品は基本的には地域的な商品で、市場の拡大でそれがグローバル化もするわけですが、IT技術とその展開の製品やサービスは、初めからグローバル化を前提に興りました。プラットホームはマイクロソフトやアップルでないといけないわけです。それらは米企業ですが、全世界から富を一元集中できるようなシステムをつくって、それを私的所有のもとにおき、それが史上類を見ない富の集中をつくり出した。

重層的で巨大な格差

その仕組みに順応すれば、アメリカ以外でも同じことができますが、それがアメリカ系の世界企業と対立するようになると、政治的・軍事的圧力やいわゆる経済制裁が来ます。そういう横やりが政治や政府から入らないかぎりにおいて、この仕組みにうまく適合すれば、そのような富の集中システムを他でもつくることはできます。

中国もそれをやっているわけですが、それによってこのシステムの全面化に貢献して、自分もこのシステムの受益者になれる。ベゾスはこのITプラットホームを使って、従来の流通業をバーチャル化して独占しました。いまでは製造業も呑み込んでいます。

そういうバーチャル世界の開拓者たちが、かつて存在しなかったような富豪になっています。その一方で、お金を吸い取られる人たちが無数に世界中に広がっている。その人たちは、吸い取られるお金を稼ぐために、身を粉にして働かなければなりません。しかしそれは最も賃金の安い仕事です。だから、豊かな国でも、貧しい国でも、同じように吸い上げられて、全世界に重層的で巨大な格差ができている。

もちろん、物価が安くなる、目先の生活も便利になる、という対価があるからこの独占が通用するわけですが、そうすると、システムの末端に置かれた人びとは、大富豪をアイドルのように崇めながら、貧しい状態で少ないチャンスを競い合う。そうして、貧しい人たちの住む社会がさらに困窮し、無秩序になり混乱に陥って、地球広域で言えば、それが何百万、何千万という難民になって流れてくる。「豊かな国」の側では、その難民をまた押し止めようとして壁を作る、ということがすでに起こっているわけです。

その負の局面は、「すばらしい未来」とはまったく切れたものとして扱われています。それは夢を見せるには「見たくない現実」ですから。しかし、それが混在しているのが今の世界だし、典型的にはアメリカ社会でしょう。だから、『ブレードランナー』のような二重化した世界がリアリティをもって受け止められる。地球は荒廃して、無数の人たちはいるけれど、彼らは放射能を浴びたり、毒物を飲んだりして、虫が何匹死んだぐらいにしか扱われずに、エリートたちは別の惑星で人工的な安全・快適環境に住んでいる。
それが「近未来」として普通に想像されるような状況が、いま起こっているわけです。

白人の被害者感情

実際、アメリカの社会でどんなことが起こっているのかを見てみましょう。

一方では、二〇世紀以降の世界を領導するようになったアメリカがあって、自由を原理にして、全世界の鑑になっている。その一方で、トランプのような大統領が登場した。彼がアメリカを第一にするというのは、今までのアメリカは世界に譲り過ぎたから、もっとエゴイスティックにやるということです。その主張がどういうところに訴えたか。

もともとのアメリカ人、白人の中に失業問題とか、貧困問題が広がってきて、デトロイトが廃墟になっているとか、その周辺で働いていた人たちは職がなくなって大変な目に遭っている。

そこにアメリカの豊かさに惹かれて移民が大勢やってくる。というより、アメリカは移民の国で、つねに移民を惹きつけてきた。だから、いわば豊かさの既得権を失ったと思う人たちが、移民を嫌うことになります。そして社会の不安定や自分たちの不幸や不満の原因は移民それも不法移民だ、ということになる。そこに、「テロとの戦争」以降のアラブ・イスラーム系の人たちに対する警戒も重なります。

そんなところに、アメリカは割を食っている、アメリカ・ファースト、「強いアメリカを取り戻す」というメッセージが訴えるわけですね。そこには、われわれがアメリカ人だ、豊かさは自分たちのものだ、といった隠れた声が響いています。アイデンティティ政治ということが言われますが、ある意味ではこれもそうで、アメリカ人とは何かということも、実は問われているわけです。

それは隠れていたアメリカ人の「本音」だ、という見方もあります。その本音で破られる建て前は、いわゆる「自由と民主主義のアメリカ」というイメージですね。

前にも言ったように、アメリカはその旗印を国内でも実現する必要に迫られます。それで六〇年代に公民権法を成立させ、黒人に普通のアメリカ人として同等の権利を与えるというだけではなくて、それまでの差別偏見で背負わされた社会的ハンデキャップを是正すると、アファーマティヴ・アクションという優遇措置ができました。官庁や大学で何%は黒人あるいはヒスパニックを採用しなきゃいけないとか、就職でも差別されてきた人びとに対して最低枠を決める措置です。

それによって中産階級以下の白人たちはそれまでのアドバンテージを侵蝕されます。社会が拡大発展している間はそれは何とか吸収されますが、アメリカは七〇年代以降そのような余地を失ってゆきます。

そしてレーガン政権の頃から、自己責任論で、アファーマティヴ・アクションに対する不満が出てくる。この制度で逆に白人が「差別されている」と言われるようになります。建て前と違って人種差別が構造化されているわけです。

アメリカはドラスティックな新自由主義的転換で、まず国が面倒を見る体制を捨てて、経済活動の「自由」を徹底して、個人も法人も含めて経済活動のアクターの「自由」を拡張しますが、その裏面が「自己責任」です。富裕層はそれで手を縛られなくなりますが、そうでない層は保護・保障のない状態に投げ出されます。

そうなると、アファーマティヴ・アクションは黒人やヒスパニックだけを優遇して、恵まれない白人を差別・排除しているのではないか、という不満になるわけです。黒人たちは歴史的には弱者だったのかもしれないけれど、俺たち・私たちには関係ない。むしろいま自分たちが「逆差別」されている、と(日本でも聞かれるような話です)。その不満は、だから歴史的事情の否認と表裏だし、具体的には公民権運動の流れ、つまりアメリカ国内の「民主化」や「解放」の方向に対する不満になります。

しかし、それは「自由世界のヒーロー」、人権と民主主義のアメリカとしては「言ってはいけないお約束」だったのですね。だからその人たちは、言いたいことも言えなかった、抑圧されてきたと感じる。つまり、被害者なんだという感情が蓄積してきます。

アメリカ経済がダメになったかと言えば、そんなことはまったくありません。ただ、産業構造がＩＴ・先端科学、金融のほうに完全にシフトしていて、それについていく才覚や知的能力がないと落ちこぼれます。そしてそこにも移民が大量に入ってきます。だからますます、ついてゆけない人たちには不満が鬱積していく。自分たちが排除されているという意識は溜まっていきます。

トランプはそんな不満に捌け口を与えて、彼らに「自由」を感じさせる政治家として登場しました。ワシントンの政治家たちはどうせエリートで、エスタブリッシュメントで、国際世界でいい顔をして、君たちのことを置き去りにしている――君たちがアメリカだ、アメリカを取り戻そう、と。それに熱狂するような人たちがアメリカの中で多数になり、エスタブリッシュメントたちもそれを容認して利用するようになったということです。

これで世界は、アメリカに憧れるために、模範にするために、見ないことにしていたその実相に直面させられることになったのです。

3　もうアメリカを見習うな

アメリカは帝国をやめる

さて、トランプ大統領は、まずは「アメリカ・ファースト」そして「メイク・アメリカ・グレート・アゲイン」と言います。これはアメリカのエゴイズム宣言と言っていいでしょうが、そのエゴイズムは対内・対外、両方向けです。

もともとアメリカ合州国は「世界の中心のアメリカ」あるいは「アメリカが世界である」といったところがありますから、「アメリカ・ファースト」は外国からはエゴイズム宣言のように聞こえますが、国内ではいわば「生粋のアメリカ人」を大事にすることになります。だから、白人至上主義などの差別主義団体が勢いづいてデモンストレーションをするようになります。それが、二〇一七年には大きな衝突を引き起こし、二〇二〇年には逆に「ブラック・ライブズ・マター」の運動を再燃させることになります。

ところで、かつて「偉大だったアメリカ」がどう弱くなっているのか。それは、「弱者」を保護して「強者」を抑え込むようなことをやってきたからです。スラムで麻薬に浸ったり、柵を潜って入り込んできた違法移民が、何で保護されなきゃいけないんだ。自分たちはそのために煽りを食って権利を失っている。アメリカは「寛大」な顔をするために、こんなに衰弱してきているではないか。だから寛大さは捨てろ、ということです。

そういう見方からすれば、対外関係も同じで、アメリカは甘える国々のために基地も作って兵隊も送って守ってやっている。そのうえ、自分たちは経済でアメリカをダシに稼ぎまくっている（その代表が日本だというわけですが）。アメリカは二重に負担を負っている。もう甘い顔は見せるな、みかじめ料でも何でも搾り取ってやれ、ということです。

そこには、アメリカは超大国として世界秩序に責任がある、などという考えはみじんもありません。世界平和だとか国際協調とか言うのは、「弱者」やズルい者の言い草で、結局アメリカにたかるだけではないか。「強いアメリカ」にはそんなものは要らない、というのですね。

これはトランプに始まったわけではなく、ここ三〇年ぐらいアメリカの多くの政権は、国連を束縛とみなすようになっていて、脱退したっていい、むしろ邪魔だと言う大統領もいたけれども、抜けるわけにもいかない。抜けたら世界の盟主としての役割を捨てることになりますから、この辺は逆に、国際秩序の規範力が無視できない形で働いている。

でも、トランプはそれが気に入らない。そしてそれを公言すると相当の支持を得た。戦後の国際連合に体現される国際秩序というのは、最強国アメリカの庇護のもとで、無秩序にタガをはめるべく、そしてそれを相互承認関係として組織すべくできたものでしたが、アメリカ一強の下では、これは言ってみれば**パックス・アメリカーナの世界秩序**だということになります。

というのは、その武力を表立って使わないと約束し、アメリカに帰順させた国々が、相互自立関係を装うことで成立・維持させる秩序ですから。それはアメリカ自身のための秩序でもあったはずです。だから、その「アメリカの平和」の下での世界秩序を「帝国」と呼ぶ本が世界的に売れたりしました（アントニオ・ネグリ、マイケル・ハート『〈帝国〉』）。

帝国はただ武力で制圧するだけではなくて、広域の一元的秩序を作ります。そこでは争いが起こらないという秩序でもあるので、ローマ帝国の時代はパックス・ロマーナと言われるし、それをモデルに考えたとき、アメリカが世界を軍事的に制することによって、（核大国）パックス・アメリカーナと言われたわけです。

ところがトランプは、そんなゲームはやめだと言うのです。つまりアメリカは帝国をやめる、と。世界統治を視野に置いた外交など、もうやめる。単純に、金がかかる、儲かっていないじゃないか、というのが理由です。世界の中での役割ではなく、タイマンで取引、軍事力は脅しで使えばいい、というわけです。

だから、真っ先にサウジアラビアや、イスラエルとの関係を変えました。中東地域はとくにここ三〇年、アメリカにとってものすごくコストがかかってきたところでした。そのためにベトナム戦争以上に続く戦争までやってきた。ただし、それは石油地帯を押さえておくという、アメリカの利益に直結する話でもあったのですが（その波及効果は大きいです）、トランプは目先の視野から採算が合わないと思ったわけです。

武器を売ればいい

だから米軍を引き揚げると言う。では、中東の安全保障はというと、サウジアラビアにさっそく大量の兵器を買わせます。トランプは最初の訪問で巨額の武器輸出交渉をしました。これまでは、サウジが王家専制の原理主義国家だということもあって、サウジ支援にはいつも後ろめたいところもあったのですが、これで米軍を引き揚げても、アメリカの基幹産業である軍需産業は儲かるから文句はないでしょう。

そうすると、サウジと対立しているイランを刺激することになりますが、イランは悪者ということにし、その抑えはサウジとイスラエルにやらせておけばいいわけです。わざわざアメリカが大変な思いをしてコントロールする必要はない。現地の抗争は現地の手合いにやらせておけばいい。アメリカは商売して儲ければいいと。

だから、二〇一九年の末にはシリアからも米軍を撤退させて物議を醸しました。今までのアメリカのやり方から変わり、難民が出ようがどうしようが、それは眼中にありません。オバマのせいだというのです。アフガニスタンからも最終撤退を目ざしています。イラン関係では、ＥＵとやった核合意から一方的に離脱して緊張を高めましたが、それは核合意がオバマの業績だったからです。

トランプの外交は、対北朝鮮を含めてアメリカ国務省周辺にかなりの混乱をもたらし、結局多少なりともまともな人材がいなくなって、これまで危険視されて干されていたかなり極端なネオコン（アメリカ帝国至上主義とでも言いますか）系の人物が入りこむようになって、彼らが画策するから相当な緊張が生じました。それでもトランプが大統領のうちにイランと開戦することはないでしょう。

トランプはこれまで大統領になった政治家たちのように、イデオロギーとか戦略的な視野とか、それらにのっかる陰謀論などとは無縁の人物だと考えた方がいいでしょう。そこを踏まえて、アメリカのことや対米関係のことを考えなければなりません。

世界の首脳たちがそれでとても手を焼いているわけですが、日本の首相はこの大統領を自分の同類だと思って大歓迎し、仲がいいことを世界に吹聴しようとする。これはトランプにはありがたがられたでしょう。

米軍が退くと言うと、武器が売れます。日本でもそうですね。財政赤字で消費増税とか言いながら、見境なく買い込む。けれども、その武器たるや、今の戦争技術段階から見ると、もはや伸びすぎた鷹の爪のように欲張って無理な作りをしているから、まともに軍備を考えるところでは使えないようなものです。

オスプレイなんて、アメリカでは危ないから軍の訓練さえできない。本土から離れたハワイでも住民の反対でできないという。F35も実用的でないから米軍でもろくに採用されていない。それを日本が開発費込みで爆買いしているわけです。

朝鮮半島から米軍は退く、あるいは沖縄から海兵隊は撤退したっていいと言うと、日本が駐留経費を出すだけでなく、慌てて最新設備の基地を作ってくれる。まあ、その基地（辺野古新基地）はどうやら土壌に大問題があるようだし、米軍の基準にはとても合わないようだから、実際アメリカに喜んでもらえるかどうかわかりませんが。

世界秩序はいらない

もう一度要約しておけば、トランプはもう世界秩序には責任をもたない、各自勝手にやれ、自分もそうする、ということですね。だから面倒な多国間協定はやらない。それではアメリカの強さが抑えられる。それぞれ対面で「ディール」だというわけです。

言い換えると、世界はもうアメリカを見習うなと言っているわけです。世界はアメリカに頼りながら、アメリカの力にもたれて、結局むしり取っていくだけではないか。自由、人権、平等、多様性、あるいは文明とか、御託を並べて甘えるんじゃない、アメリカはそんな建て前は捨てて、本来の強いアメリカに戻るんだ——そういう主張です。

そんな主張を、今まではどんな大統領も公言できなかったのですが——ブッシュも言いたかったでしょうが——、トランプはそれを公言して当選したから、好きなように言えます。そして、今まで本音ではそう思っていたアメリカの右派の指導層は、その背後に隠れてトランプを押し立てました。

トランプが登場して公然と活動をし始めたのが、いわゆる差別主義団体です。その筆頭がクー・クラックス・クランとか、ホワイト・シュプレマティストという白人至上主義者とか、ネオナチですね。福音派も後押ししている。

とにかく差別意識です。アメリカをダメにしている元凶というのを炙《あぶ》り出して排撃する。差別を煽って、それで自己肯定と排除をやっていくという傾向が政治活動として、あるいは社会活動として公然と行われるようになってきました。

それとは一見結びつかないように見えますが、トランプがオバマ前大統領のやったことをことごとく覆すというのをほとんど唯一の政治原理にしていることも、それに通じています。黒人大統領は「恥だ」とでも言いたいのでしょう。イラン核合意破棄もそうですが、国際協調を拒否するトランプ政権の象徴的姿勢として、パリ協定を脱退しました。その前に、オバマがアメリカ経済のためにと思って推進したTPPからも脱退しました。

ユネスコからも脱退

地球温暖化の問題は原発問題と同じような構図を孕んでいます。たとえば国際基準では普通の人が浴びてもいい許容放射線量は年間一ミリシーベルトとされていた。ところが、福島の事故が起こってから、日本では二〇ミリシーベルトまでは大丈夫と修正される。そうすると人間に免疫ができたかのように、多少の汚染は大丈夫となるんですね。

それと同じ事態が地球温暖化についてもあります。多くの学者たちがいま対策をとらないと手遅れだと主張し、国連体制の下で国家間機構ができて、それが指針を出した。

ただ、それぞれの国の、というか政権の利害がそろわず、なかなか進まない。なんとか京都議定書の実施まで持ってきて、その先をどう展開するかというのでパリ協定を作って、今世紀中葉までの努力目標を定めて、それぞれの国が信義にもとづいて、温室効果ガスを削減するということをとりまとめた。

それなのに、世界第二位の温室効果ガス排出国の大統領がパリ協定から離脱すると宣言する。アメリカの負担が大きく、世界全体のためにコストをかけるより自国産業を優先するということです。もちろん、トランプのほうが正しいかもしれない。というのは、温暖化理論は、実際はやってみなければ分からないし（あらゆる科学理論と同じように）、日本でも、被曝許容値が二〇ミリシーベルトになってもそれで影響があるかといえば、それは分からない。表立ってその犠牲者はいないのですから。

そんなふうに、国際協調、多国間協議には意味がないからと離脱する。最近は、ユネスコからも脱退しました。ユネスコは国連体制のもとで、世界平和のために教育・文化を支援しましょうと、アメリカが胴元になって作ったものです。離脱するということは、大国の責任をかなぐり捨てるということです。これがアメリカ・ファーストの外交面です。

国内に関しても、まったく同じ論理ですね。学校で銃乱射事件が起こると、多くの人たちは、「今までどれだけの若者が犠牲になってきたんだ、銃所持を規制しろ」と言います。移民の流入が不安だというなら、銃規制をした方が、基本的な安全も平和も保たれるはずです。けれどもトランプは、むしろ教師にしっかり武装させろと言う。規制より自由、自分の身を自由に守れるようにしろと言うんです。それは全米ライフル協会とか武器販売の圧力団体の意向というより、トランプというアメリカ人の基本的な考え方です。

人権について少し補足すると、アメリカは、西洋諸国のうちでも奴隷解放が一番遅かった国です。そのことは、「自由の国」という看板の陰でいつも忘れられがちです。アメリカでは奴隷制が一八六二年まで続いていて、南北戦争中のリンカーンの奴隷解放宣言で公式にはなくなりましたが、黒人差別はずっと続き、二〇世紀後半になっても、つまり一〇〇年経っても、黒人は白人と同じ学校に行けないとか、一緒のバスに乗れないといった状況が続いていました。

それに対して、黒人たちの苦しい権利要求の闘いがあったわけですが、ようやく認められるようになったのは、第二次大戦後、アメリカが名実ともに世界の盟主になって、自由と民主主義、人権と平等という戦後の価値観を掲げる国になったからです。

基本的人権というのは、飢えない、殺されない、自由にものを言えることを全部含みます。それがないと、どの社会もいがみ合うようになって、ろくでもない指導者によって壊れるので、これを社会秩序の原理にすることをあらゆる国々が共有する。これが国連体制の基盤です。それは単なる国家間秩序ではありません。

そして人権は、人種、国籍、出自、性別云々にかかわらず認められます。そこにはアウシュヴィッツに代表されるジェノサイドの生々しい記憶がありました。しかしそれは、西洋キリスト教世界の内部だけでなく、その枠を超えて万人に適用されなければ普遍的である意味がない。だから、それが普遍的であることの現実性を支えるものとして、平等原則が組み込まれています。そのために、戦後の世界は、「文明」の優位の名のもとになされてきた植民地支配を否定するようになります。そして国連体制の拡大充実は、旧植民地から独立した新しい国々を統合しながら実現していったわけです。

というわけで、事実上、全世界の植民地はどんどん独立して、六〇年代には、様々な国々が独立国だと認められる。それが国連加盟に表れます。国連に議席を持つのは、今の世界秩序の中でステータスを確保されるということです。

そうして、それぞれの地域は地域の人たちの自決を認める。それが人権の政治版になっていくわけです。

自由と平等の独り舞台

さて、アメリカの価値観でいう自由と平等に従う話が衰弱を呼んでこういう状態になり、転換した理由は何か？

アメリカはこのことに関して、今までは主役兼演出家だったけれど、もう演出家の役目は要らない、自分が勝手にこの舞台を張るということになった。今まではー応これをお客さんに受け入れてもらうためにという演出家がいたんです。アメリカ大統領というのは国際舞台でそれをやる役者でした。

ブッシュはまだそれをやっていました。一応見栄を気にします。ところがトランプは独り舞台で、国内の票をくれる観客しか相手にしない。

アメリカが帝国を捨てる方向にあるときに、トランプの行動は、安全保障も貿易上のディールにしてしまうことに表れます。軍事力・経済力は前提としながら、それが集団的連携によるものだということを否定して、個別関係に解消してしまう。アメリカは自分の利害でやるから、中東なら中東に、おまえたち勝手にやれ、武器は売ってやる、という姿勢ですね。だから強者のエゴを通すということです。

帝国とは、軍事経済支配です。政治が軍事と経済に統合されるのが帝国です。だからエンパイアと言ったときには、軍事の側面は必ずあって、支配としては経済を支配していく。けれども、たとえばグローバル化した世界では力はどこに集約されるかと言うと、市場の論理。その市場が規模としてはグローバルになりますが、その市場のアクターというのはいつもナショナルな囲いを持って活動します。

それで、エンパイアの場合は、そのナショナルな囲いを持った秩序に関して胴元としての管理責任を持つ。けれどもトランプはそれをやめて、みんな勝手にやれと言う。インターナショナル・オーダーを想定しないというか、オーダーとして想定しない。無秩序の中のせめぎ合いでは、力を持つものが一番強い。経済競争の場合だと、経済力が強いものが強いのだけれど、アメリカ合州国は国益を守ると言って、国家として振る舞うというときに、その経済競争の裏に、必要ならば軍事力を出すわけです。

賭場で一番強いということは否定しない。むしろそれを強調するわけです。

赤狩りを生み出すような自由

世界秩序について賭場といった言い方は相応《ふさわ》しくないかもしれませんが、トランプによって本当にそうなってきた。世界がアメリカの仕切るアリーナで、国力を賭けた儲けゲームをやる感じです。賭場の用心棒が軍隊ですね。もちろん、相手がいないとゲームはできないので各国をその中に引き込む。そこで皆が連携すると胴元はいかさまができない。だから連携させずに、独り勝ち、そんな賭場にしようとしている。

それで、手ごわい相手が出てくると、賭場でハンデをもたせようとします。そのときの口実が「独裁体制」だということです。トランプはそんなことは気にしないのでしょうが(サウジアラビアのように、そういう国ほど歓迎してくれますから)、西側諸国を意識すればそれが使えます。

そのときの相手は中国ですね。もともとアメリカは締め上げたい国があると、独裁体制だから民主化すると言って戦争をしてきました。キューバも、ベネズエラの場合もそうです。イランの場合も宗教的独裁を批判の口実にする。イラクのフセインもそう言われて潰されました。

冷戦時のコミュニズムもそうですね。私有財産か社会的共有かの対立は表に出さず、自由と民主主義か全体主義か、という側面を表に立てた。それは一般に了解されていたわけです。戦後社会はそうだったけれど、米ソ対立となったときに、オクシデントとしてはソ連と対立しなくてはいけないというので、国家統制、全体主義という批判が出てきました。だからソ連も、ヒトラーとスターリンは同じというので、いわゆる全体主義批判が出てくる。そしてそこから社会主義、全体主義という脈絡ができて、今だとアメリカの敵は社会主義と、全体主義なんです。

基本的に社会主義というか、コミュニズムが言っていたようなことが正義として立つと、アメリカ社会は根底から崩れます。一九世紀、二〇世紀の初めにそういうのは大弾圧されて、世界大戦になり、冷戦後に脅威になって、ヒステリーみたいに赤狩りが始まる。

つまり、アメリカの自由は、赤狩りを生み出すような自由なんです。いかに合理的だとか、機械的だとか、産業的だと見えても、人のいない荒野に家を建てて、故郷から遠く離れたところに暮らしていると、先住民が恐いとか言って住んでいるところにはヒステリー状態が生まれるのでしょう。

第3章　日本は朝鮮半島をどう見ているか

1　韓国政府に干渉する日本

米朝会談が不満

アメリカが世界の中でどう動いているかということの関連で、次に日本の状況を見てみると、いろいろな特徴が目立って出るのが韓国・北朝鮮という朝鮮半島との関係です。

いま「史上最悪」と言われるぐらいに日韓関係がおかしくなっています。メディアでも、一般社会でも、若い人たちは別として、「韓国っておかしい」とか「けしからん」といった見方はかなり浸透しているようです。ただ、「史上最悪」といっても日韓関係というのはせいぜい六〇～七〇年しかないいんですが。

近年の大きな出来事といえば、二〇一八年六月にトランプ大統領が初の米朝会談に踏み切ったことでした。アメリカの既定路線派と同じように、日本の安倍政権はこの米朝会談に不満なようでした。

それまで、日米足並みを揃えて北朝鮮に核開発放棄を迫って圧力をかける（ならず者国家だから交渉しない）、という路線でやってきたのに、トランプ大統領は北の金正恩《キムジョンウン》との交渉に乗り出したのです。とくに日本政府は北とは交渉しない、圧力あるのみ、と主張していました。アメリカもそうだったのですが、トランプは東アジアの米軍負担は重すぎる、北をおとなしくさせて取り込んでしまえば、ビジネス・チャンスもできるし、その方がアメリカにとっては得だ、ぐらいに考えたのでしょうね。

それに、朝鮮戦争以来東アジアに残っていた冷戦時代の最後の残滓《ざんし》を解消することになる。これはノーベル賞ものの外交成果になると思ったのでしょう。核なき世界と言ってオバマももらっているノーベル賞獲りには、かなり乗り気だったようですね。

けれども、これには国内から異論が出る。これまでの国防省のやり方とまったく違う。北朝鮮に甘い顔をすると、北朝鮮は核を捨てずに体制承認だけを手に入れることになる。北朝鮮は邪悪な国だから、ともかく完全な非核化から入らないとダメだというわけです。

近隣関係をこじれさせる

安倍政権もそうでした。だから初の米朝会談の後でも、「米韓軍事演習を中止したり、制裁を解除したりして甘い顔を見せたらダメだ。圧力あるのみ」と、近年の日本の外交としては珍しく、アメリカ大統領の意向に逆らうようなことを言ったわけです。それがこのところの日本政府の基本姿勢ですね。

その一方で、韓国との間には依然として、いわゆる「慰安婦問題」が懸案になっていました。二〇一七年の韓国の政権交代の前に、日本政府が弱体化していた朴槿恵《パククネ》大統領との間で、見舞金を払う財団を作るために一〇億円払うことで日韓間の「最終合意」がなされました。ところが、政府間合意が被害者の意思をまったく反映していないと韓国から異論が噴出し、新しい文在寅《ムンジェイン》大統領のもとでこれを見直すという気運が出てきて、日本がそれを国際信義にもとる不誠実な姿勢だと批判している、という状況です。

そこにまた、戦時中のいわゆる「徴用工」に関して、働かせていた日本の企業に賠償請求するという裁判があって、韓国の最高裁は日本の企業に対して賠償金を払えという判決を出しました。

これに関しても、日本政府は、日韓請求権協定で賠償の問題は終わっているはずだ、こんな判決を出させておいて、韓国政府はけしからん、国際法無視だ、と言うわけです。そして世論も、韓国の態度はひどいじゃないかという雰囲気がけっこう広がっていった。

一方で、安倍首相は、「米朝会談をやっても北朝鮮を非核化できない。拉致被害者も帰って来ない。もっと圧力をかけ続けなきゃ」と言うのが筋なはずですが、日本方向にミサイルが飛ばなくなったからなのか、トランプをノーベル平和賞に推薦したりする。

北朝鮮の脅威を煽って、「Jアラート」とか言って戦時中のように市民に防空訓練までやらせたのに、一方で北朝鮮と交渉するトランプをヨイショする。しかし、その代わりのように、今度はその北朝鮮と対立する韓国を敵視して締め上げようとする。こんなおかしなことが一国の首相の「得意の外交」としてまかり通った。北朝鮮・韓国だけでなく中国も、日本とは大変関係の深い隣国です。ところがその関係も徹底的にこじれさせる。

これは一体どういうことなのか。できるだけ先入見を排して、イデオロギー的な偏りなしに、歴史構造的にいろいろ考えてみましょう。

日本に三権分立はない

まず徴用工判決のことですが、日本はこれに政府が反応し、韓国政府に文句を言った。しかしこれは、元徴用工の人たちが韓国の裁判所に日本企業を提訴し、そうしたら韓国の裁判所が日本企業の加害責任を認める判決を出したということです。それに関しては、韓国の行政府は口出しできないはずなんです。三権分立なんだから。

にもかかわらず日本の政府は、この韓国裁判所の判決が日韓の請求権協定に反していると、韓国政府に文句を言うわけです。韓国政府に、裁判所をきちんと監督しろと言ったことになります。これは明らかな内政干渉だし、韓国をまともな国と認めていないことになる。そんなことを日本の政府は平気で言うんですね。

それは逆に、**日本では政府が裁判所をコントロールしている、ということを暴露するこ**

とになります。事実、日本には、日米安保条約がらみの問題で、「統治行為論」（高度に政治的な問題が絡む場合には、裁判所は政治判断に踏み込まない、つまり行政府の意向には逆らわない、という原則）がありますから、その延長で、政府の方針や意向に反する判決は事実上出ません。その点では、日本の裁判所は独立を半ば放棄しているわけです。

それは特に沖縄の基地問題訴訟や原発関連訴訟などで、いつもわれわれが見ていることです。だからと言って、よその国の三権分立を無視していいことにはならない。これは先進国としてどうなのか、と言わざるをえない態度です。にもかかわらず、日本ではそれによって政権の支持率が上がったりするという、驚くべき現象があります。

外交となると、外国相手なのだから自国の政府を支持するのが当たり前というのでは、独善国家になります。自国の政府のやり方がおかしかったら、それを批判しなければ、国全体が世界から不信の眼で見られて孤立するだけです。それではかえって国のためになりません。儒教にもとづいて考えてもそうでしょう。

それに、国家の請求権協定は結んだけれども、私的な請求権は消えてはいないというのは、ずっと日本政府の見解でもあったわけです（集団的自衛権がないというのと同じように）。それを今の日本政府は忘れたかのようにして、請求権協定で責任を清算したことにしようとする。徴用工だけでなく、従軍慰安婦問題も、日本政府は一度としてまともに責任を認めたことはありません。政府声明ではない河野「談話」というのがあったし、証拠書類もいくつも出てきていますが、それさえ反故《ほご》にしようとしています。

それどころか、慰安婦は世界中どこでもあった戦時の兵士の衛生管理のようなものだと居直ったかと思うと、それを政府が管理したことはない、あれはただの売春婦であって、卑しい民の商売なんだ、と強制された慰安婦たちをけなします。そういうキャンペーンを国の姿勢としてやるんですね。在外公館がやっています。

これは二重にお国の恥です。あったことをなかったことにする「歴史修正主義」はナチズムの再来だということで、欧米では政治的不正義の最たるものとみなされています。そこにいって現地の日本大使館が、露骨な恥ずかしいキャンペーンをしているわけです。

恥を上塗りするようなこと

これも、第二次大戦後、世界的な共通了解になってきた人権の問題と関係があります。人権を認めることは、多くは社会的に立場の弱い人たちをサポートしていくことになります。それがユダヤ人だったり、黒人だったり、少数民族だったり、次には障害をもつ人たちへと広がって、性差別の解消にも繋がってきた。そういう流れの中で、「性欲処理を世界の近代国家はどこでもやってきたじゃないか」というのは、逆に国の恥を上塗りするようなことです。「過ちて改めざる、これを過ちという」と孔子だって言っている。何も罰を受けて日本人を去勢せよと言っているわけではなく、日本の国策で人生を壊された人たちが、ひとことと公式に責任を認めて謝ってほしいと言っているだけです。そうすれば、その人たちの「名誉回復」ができる、つまり「尊厳」が認められるということです。それをまた「金欲しさからの嘘だ」などというのは、ほんとうにさもしい行為です。

西洋諸国が偽善的でないというわけではない。しかし、「公と私」とか国家の役割とかを踏まえて、もうちょっとまともな対応をしています。

たとえば米軍が日本を占領したときは、米軍はそんな慰安所を作る必要はなかった。なぜかと言うと、日本の男たちが率先して用意してくれるから。占領軍が東京に来るとなったら、自分たちが外地でやってきたことを思い合わせて、地域の名士などが集まって、良家の婦女子を守るために挺身隊を差し出そうと相談して、水商売の人や困窮婦女などを集めて、ウェルカム組織のようなものを用意する。将校たちにはオンリーさんというのは、黒船伝来時以来の伝統でした。だから、米軍は自分で用意する必要などなかった。これは日本の男たちの、強者に対する「自発的隷従」というものですね。

韓国に（だけでなく北朝鮮に対しても）、戦時中の日本はたいへん酷いことをしました。今後日本は貴国の人びとにそのような扱いはいたしません、人道上許されないことでした、と謝罪する。それは最低限やらないと、両国関係の未来なんてごまかしになります。

その対応さえあれば、それぞれの国にはそれぞれの歴史的事情もあるよね、それを相互確認しながらこれからの関係を作っていきましょう、となる。もちろんどの国にもいろいろな人間がいますから、きれいごとでは済まない。けれども、国としてはしっかりした姿勢をとっておかないと、国際関係のベースができません。

ところが、日本の政権が要求しているのは、全部忘れて一〇億円で水に流し、未来志向でやるということを強圧的に要求する。その先に韓国に対する強い姿勢があるわけです。

問われなかった戦争責任

そこには、日本が大国で、相手が遅れた小国だという見下した意識、あるいはそういう国が成長してきたことへの苛立ちのようなものがあるでしょう。若い人たち、女性たちには韓流ファンも多いのに、いわゆる昔を知る人たちにはそんな心情があるようです。

そして慰安婦問題だけではない、戦時中の日本軍の評判の悪い他の行為とか、日本の政府、戦争中なら大本営のとってきた振る舞いとか、植民地支配全般に関する態度について、公式の遺憾の意の表明や謝罪をやったのは村山談話であり、河野談話です。そうした「談話」自体、本来なら首相声明とか外相声明とか、国家の公式表明にすべきだったのですが、反対があって「ぎりぎりの表現」で「談話」にしかできなかったわけです。

それに横槍を入れてきたのが、戦争賛美派や、今の政権についている人たちですね。その結果、今の日本政府は、国際規範だとか、国際的道義のベースに適った姿勢をまったく示さず、逆ネジばかり回している。相手が（前の朴槿恵政権のように）基盤の弱い政権なら、それでも日本に譲歩するのでしょうが、文在寅政権は長い民主化運動の果てにその挫折も超えてできた政権です。

それだけに韓国の強い民意を無視できないし、その民意が正統性の支えですから、譲れない原則は譲れません。それを韓国の「強硬姿勢」というのは、韓国に対する無理解と蔑視としか言いようがありません。アジアで日本が先に発展して呑み込み、戦後やっと回復した国だというなら、むしろ日本は韓国にまず理解を示すべきでしょう。

2　拉致問題の経緯

右派集団の台頭

そういうことが見えなくなっているのが、北朝鮮による拉致問題噴出以来の日本社会のいわゆる空気です。拉致問題の発覚で日本全体の空気がかなり変わりました。それまで日本は朝鮮半島に関して加害者だと言われて、負い目を背負ってきたのですが、いや、悪いのはあっちだ、北朝鮮だ、われわれは被害者だ、と言えるようになったのです。

拉致問題が二〇〇二年の小泉訪朝で耳目を集めたとき、メディアでは北朝鮮非難、対北強硬姿勢しか主張できない、という雰囲気になりました。

そこで急速に台頭したのがいわゆる拉致議連という右派議員集団で、そこに担がれていたのが、つい最近まで政権を担ってきた安倍晋三という政治家です。彼はそれまで、極右のサラブレッドとして保守系政治家の中でもマージナルな存在でした。

少し戻ると、冷戦後に東西のイデオロギー対立がなくなって、それまで抑えられてきた戦争責任の問題が再浮上してきます。冷戦下の西側世界では、「敵」はまず共産圏ですから、西側国家の犯罪を持ちだすことは、共産主義を利すると言われ、あまりふれないお約束でした。だから西側諸国間では、政府間で妥協的な手打ちをしてすませていた。だいたいそれはアメリカの仕切りの下です。

だから六五年の日韓基本条約のように、個人の請求権はタナ上げでした。それが、冷戦の解消で噴き出してきます。韓国だけでなくアジア諸国から、冷戦中は言い出せなかった従軍慰安婦問題が噴出してくるのはそのときです。

しかしそうした戦争責任がらみの問題が浮上してくると、日本には困る人たちが大勢いた。戦後、日本はアメリカの傘下に入ることで、ある意味では戦争責任を問われずに来ました。冷戦下ではアメリカ陣営の前線に立つわけだから、アメリカの重要なコマになることで、日本のある部分はお目こぼしにあってきたということです。その代表が岸信介ですが、日本の戦争ではきわめて積極的な役割を果たしながら、冷戦下では日本の「反共化」に貢献することで、アメリカの庇護を受けながら戦後体制下で生き延びた勢力です。

その彼らが、冷戦の終わりで旧悪を追及され、その存在を否定されることを最も恐れた。だからそういう人たちが、危機感を抱き、組織的な対抗活動を展開するようになります。

そこで出てくるのが、あったことをなかったことにする「歴史修正主義」です。

彼らは、日本軍が国際規範に悖《もと》ることをしていたとか、アジアで加害者だったと言われるのを一番嫌います。総じて、日本の戦争は正当だったし、とりわけ日本軍を「美しい国」の軍隊として理想化しようとします。日本軍の評価は、再軍備する（自衛隊を国軍に格上げする）ときにも問題になりますから。

ところがそれは、少なくとも戦後の世界で認定されている事実ではありません。世界的な共通了解としても、日本はアジア諸国を侵略して蹂躙《じゅうりん》した、南京攻略をはじめとして、各地で残虐行為も繰り広げた。日本の戦争が中国はじめアジア諸国にとってはいかに酷いものであったか、また動員された日本人にとっても過酷だったということは、戦後に書かれた多くの書物や、五味川純平の大作『人間の條件』などに如実に示されています。

国内的に見ても、多数の人が兵隊にとられて、本土空襲もやられ、原爆まで落とされて、塗炭の苦しみを国民が味わった。それが戦争の結末だったわけです。しかしその記憶は、日本が高度成長し、経済大国と言われバブル経済も経験した社会で薄れてゆく。

そして冷戦後、その記憶が外から再び噴き出てきて「戦後」の総括がなされると、それまで、冷戦下のアメリカに大目に見られていたこの戦争に責任のあった人びとの系統は、この先出る幕がなくなります。それで、九〇年代になると、ある種の修正復興運動が活発に展開されるようになる。そこで、とくにアジア諸国に対する戦争責任をどう認めるか、ということのせめぎ合いが国内で展開されたのです。

拉致問題はそれから一〇年後ぐらいに小泉訪朝で明るみに出ました。たぶん、小泉首相は知らされていなかったんでしょう。日朝国交回復は、残っていた戦後処理の大きな一要素ですから、実現すれば首相としても大きな業績になります。ところがそれができなくなった。世論は小泉訪朝の歴史的意義など忘れて北朝鮮非難一色になり、政府も打つ手なしで、国交回復を投げ出さざるを得なくなった。そのとき、北朝鮮非難の急先鋒に立ったのが、その後官房長官に抜擢される安倍晋三だったのですね。

ちょうど9・11の一年後に、北朝鮮は国交回復の手始めにというので、拉致された人たちの一部の一時帰国を始めます。ところが、拉致議連が強く働きかけて、その人たちが北朝鮮に帰ることを許さなかった。拉致されたとはいえ二〇年も経ち、家族・子供たちも向こうで育っている。だから、以後は彼らが自由に行き来できるようになれば、彼らもその二〇年を再び奪い取られず、日朝の関係は正常化して、彼らはその架け橋にもなれる。

ところが、そうはいかなかった。「日本社会」が許さなかったのです。

「歴史修正主義」の勝利

北朝鮮は、初めは日本政府を信用して拉致被害者を一時帰国させました。ところが、何人かの人が日本に帰ってきたら、拉致問題を前から指摘していた拉致議連が、絶対に帰すなと主張し圧力をかけました。帰さないと日本政府としては北朝鮮との約束を破ることになりますが、彼らは拉致された被害者なのだからと、帰さなくなります。するとそのままでは、被害者の子供たちは向こうの人質になる。けれども北朝鮮は、もはや人質にはしないということで、結局家族も親に合流させることになった。

それ以降だんだん交渉は難しくなる。日本は、拉致被害者がもっといるだろう、死んだといわれる人たちも生きているに違いない。それらを全部帰せ、と要求を大きくします。北朝鮮は応じられないでしょう。そうすると、日本はもはや加害者ではない、被害者だ、被害者の要求が正義だと、あらゆる歴史のコンテクストを押し退けて、日本は正しい、ズルくて酷いのは北朝鮮（じつはその裏に朝鮮半島の全体が隠されています）だ、いや朝鮮人だ、ということになります。

ここでは国家間の外交関係であるべきものを、国民感情で覆ってしまうという、ナショナリズム政治の悪い癖が噴き出してきています。つまり、日本と韓国・北朝鮮との国家間関係というより、いわゆる「日本人と朝鮮人」の心情的相克です。北朝鮮国家の振る舞いは、朝鮮人の振る舞いだとされ、朝鮮人は酷いことをし、人の好い日本人はその犠牲になってきた、という都合のいいセンチメンタルなフィクションに日本社会は浸されることになります。

冷静に考えたら、拉致被害者を「救出する」ためには国家間関係を作って、国際関係の中に引き出して交渉しないとできません。交渉相手を否認したり、ましてやミサイルを撃ち込んで潰そうなどとしたら、まず拉致被害者たちが一番危険な目に遭います。

そんなことは少し考えればすぐにわかるのに、北朝鮮は酷い、金王朝は悪魔の親子、ということで敵対感情だけで交渉の手立てを最初から潰してしまった。それ以降もう外交は成り立たないのです。しかしそれでいい。日本の負い目は消せた。

そのとき、彼らを絶対に帰さない（外交にはしない）と頑張ったのが安倍晋三で、それ以降、彼が日本の政治の表舞台に躍り出てきます。

日朝国交回復が一気に押し流されてゆくこの状況を見ていた小泉首相は、いかにして求心力を保つかを考えた。「どうも安倍というのが日本の人心を捉えて勢いがある」ということで、安倍を自民党の幹事長に抜擢し、官房長官にもしました。

このとき、戦前の日本の強権的な統治とか、創氏改名を強いられて塗炭の苦しみを舐めてきた人たちに対する負い目のようなものが、「日本人」から振り払われてしまって、日本が妙に自信を持つようになったわけです。これが「歴史修正主義」の勝利ですね。そして**拉致問題は、解決を遠ざけたからこそ維持しうる「問題」になった**のです。

その後、民主党による政権交代があり、3・11の大災厄があり、「日本を取り戻す」安倍政権になって、アメリカとの関係では、北朝鮮を東アジアの軍事戦略の標的にしておくという方針でしたから、北朝鮮が悪い、の姿勢そのものが国際的に「正常化」されてゆきました。

ところが、横紙破りのトランプが、その情勢を変えようとしたのですね。

朝鮮半島情勢の成り立ち

ここで、今にいたる朝鮮半島情勢のベースを確認しておきましょう。

一九一〇年以来、朝鮮半島は日本が併合して統治してきました。しかし、敗戦によって日本はそこを投げ出すことになる。その際、日本が撤収したから、朝鮮＝韓国がすぐに独立できるかというと、そうはいかなかった。

その素地は日本統治時代に根絶やしにされていたからです。三・一運動はじめ、日本統治に反抗する運動は弾圧されてきましたから、外国にしかそういう拠点がなかった。そのために、アメリカに保護された人や、ソ連から帰ってきた人が、国造りを巡って争うようになります。北からはソ連軍が満州を通って下りてくる。それを見たアメリカは南側から兵を送って支援し、均衡したところが三八度線あたりです。

そして北にはソ連帰りが政権をつくり、南には米保護下の政権ができ、双方で志向の違う者たちが弾圧・粛清されるということになる。南では済州島での四・三事件が有名です。このときに日本に逃げてきた人たちも大勢いました。

五〇年にはとうとう南北が衝突し、北には国土統一した中国から義勇軍が入り、南からは国連軍を名乗る米軍が入って、日本統治下ではひとつだった民族同士が血で血を洗うことになります。冷戦期の最初の代理戦争、朝鮮戦争ですね。休戦協定で戦闘は止みましたが、朝鮮半島は以後南北二つの国に分裂して、その後ずっと三八度線をはさんでにらみ合っているわけです。

日本への併合は、日露戦争で日本が勝ったからで、逆ならソ連領になっていたかもしれない。以前から朝鮮国内にも対立はありました。しかし、現在までの南北対立のもとには、三五年間統治していた日本が投げ出してしまったということがあります。

では、日本が統治を放棄したとき、朝鮮半島の人びとはどう思ったのか。

一般的には「光復」、光が回復したということで、解放として迎えられました。日本の支配から解放されたのは歓迎されたのですが、すぐに独立政府が作られることにはならなかったので、アメリカとソ連がそれぞれ入っていって勢力圏に組み入れようとする。

こういうことは、「解放」を唱える戦争のときに往々にして起こります。ベトナム戦争もそうですが、9・11後のアフガニスタンも同じです。タリバン政権を潰したとき、アメリカはカリフォルニアの石油メジャーの顧問をやっていた、アフガニスタンのパシュトゥン人のハミド・カルザイという人物に、CIAの手勢一〇〇人ばかりをつけて戦場に送り込み、「実績」をつくらせる。それで、旧西ドイツのボンで開かれた会議でカルザイを暫定大統領に指名して、アフガニスタン政府ができたことにしている。

さて、アフガニスタンがどうなっているかと言うと、カルザイが大統領になったけれど、落下傘で現地に基盤がない据え物だから、統治は米軍やEU軍に頼らざるを得ない。しかも、実際統治している間にとうとう米軍に文句を言うようになった。米軍の荒っぽい攻撃や誤爆で、人心が離れてかえって反政府のタリバンが増えるばかりだと。

カルザイ引退後、いまはガニ大統領ですが、彼もまたアメリカのやり方には批判的になる。アメリカが据えた秩序の下での政権だから、アメリカに文句は言えないけれど、アフガニスタンを国として統治してゆこうと思ったら、そして民衆の支持を得ようと思ったら傀儡《かいらい》ではいられない。政治家の方が国の現実のなかでそうなっていくわけです。

だからガニ大統領は、中村哲さんのような、どこの政府に頼まれたのでもなく、ひたすら現地の人びとを助ける、生きて行ける地域を作る活動を大変ありがたがったわけです。

3　なぜ北朝鮮は核を持つのか？

ベルリンの壁崩壊と吸収

朝鮮半島の場合、停戦にはなりますが、基本的には対峙状態のまま、南北は分断された半分を互いに不倶戴天の敵として、国家建設・防衛をやってゆくことになる。三八度線をはさんで、同じ民族の敵と向き合いながら国を作ってゆくという状態に置かれるのです。南の首都ソウルから境界線の板門店までは五〇kmぐらいしかありません。だからソウルの地下鉄は頑丈な防空壕になっていますね。

それが、冷戦が終わったときにどうなったか。

南の韓国はいいわけです。アメリカ側だからグローバル経済秩序にそのまま入って行ける。北の脅威を口実に続いていた親米軍事政権からも脱却して民主化が成り、経済的にも発展します。ただ、通貨危機に見舞われてＩＭＦ（国際通貨基金）の介入を招き、新自由主義体制が浸透して貧困・格差問題が深刻化し、その試練の果てにもう一度の社会的な民主化運動から生まれたのが、文在寅政権です。

他方、北は、社会主義圏があった限りは、世界五十数ヵ国と国交を持って、そこで支えられる、それなりの国際国家でした。ところが社会主義圏がなくなってからは、単独でやっていかなくてはいけない。それも南とアメリカと対峙しながらです。

同じような分断国家だったドイツはどうだったのか。ベルリンの壁が崩れた後、それまでディシデントと呼ばれて東ドイツの中で反体制活動をし民主化を求めていた人たちは、西側に呑み込まれるのをよしとしたわけではありません。チェコスロバキアのビロード革命後には、それまで市民的な反体制運動の精神的主柱だったヴァーツラフ・ハヴェルが大統領に選ばれましたが、ドイツの場合は、兄弟国が壁の向こう側だったため、それまでの反体制活動をしていた人たちは吹き飛ばされるようにして国ごと、西側に呑み込まれました。そして東ドイツはあっけなく消滅してしまった。

つまり、「ドイツは一つ」という合言葉のもと、東は完全に西に吸収されてしまったのです。その結果、ドイツはＥＵ一の大国となり、統合そのものは喜ばれたものの（フランスでは警戒する向きもあったのですが、「一つのドイツ」という大義名分があったので反対できない）、閉ざされて遅れた国と見られていた旧東ドイツの人たちは、考え方や生活習慣の違いから差別を受けるわ、経済的に不利な立場に置かれるわで、被害感情が生まれます。

さらに発展するドイツにはトルコ系などの移民も入ってきていて、同じドイツ人なのに自分たちが割を食っているといった心情も生じて、そこからネオナチが出てきたりする。ナチスはユダヤ人をドイツを毒する邪悪な種族として標的にしたのですが、今度は移民の差別排外主義になるわけですね。そして、それは露骨でまずいけれど、もう少し市民的に、とドイツ人ファーストを主張する勢力（ドイツのための選択肢）も出てくる。

ナチズム、国家崩壊、東西分断、ＥＵの下での統一ドイツ、そういう経緯があるからこそ、その後のヨーロッパの行く末を見ながら、ドイツを歴史に責任を持つ国家としてＥＵの中で運営するという政治家が登場する。それが東ドイツ育ちのメルケルです。

南と張り合っていくために

そんなドイツ統一の様子を見て、東アジアに取り残されることになった北朝鮮が最重要のこととして考えたのは、国家崩壊を防ぎ、とりわけ南への吸収を何としてでも防ぐということでしょう。

もちろんこの国は、元首の世襲をほとんど実質化しています。共産主義なのになぜかと言えば、強権の統制を維持するためには、あらゆる正統性の足場を動員しなければならず、合議社会でも血統はその手段になります。北朝鮮のような厳しい状況にある戦時国家では、内部の権力闘争を抑えるためにも世襲は有効な手段でしょう。だから金王朝のような形になる。それは、孤立した世界でこの国が南と対峙しながら独立性を保っていくために選んだ道でしょう。

では、国家維持のためにどうするか。結局、一つしか道はありません。**核武装すること**です。市場開放したらたちどころに呑み込まれます。それはソ連や東ドイツが示したことです。だとしたら力の論理で行くしかない。核抑止の論理です。

核大国が主導する今の世界で、弱小国が潰されない方法はただ一つ、核兵器を持つこと、とりわけ核の攻撃能力を持つことです。それがあればアメリカとて手が出せません。反対に、それがなければ交渉もできず、経済制裁という兵糧攻めで潰されるだけです。

だから九〇年代から、金正日と北朝鮮指導部は、あらゆることを犠牲にしてでも核弾道ミサイルを開発することを決めたのです。開国したら、すぐに韓国に呑み込まれる。開国しなくても、アメリカのさまざまな工作や軍事圧力で潰される。アメリカと「交渉力」を持つこと、それだけが北朝鮮の活路になります。

冷戦後、アメリカは核不拡散を重要な世界戦略の方針にしました。それは、新たに核抑止力を持つ国をなくしてアメリカ自身がグローバルな軍事的優位を確保する道です（だから、オバマが個人的に核廃絶を謳っても、アメリカ自身はそれを受け入れません）。

しかし、九〇年代にインドとパキスタンの核開発をアメリカは抑えることができなかった。印パもある意味では分断国家ですから（宗教がもとでイギリスから分離独立した）、相互対抗のために開発したわけです。そして持ってしまえば核大国で、お互い抑止力が効くというわけです。だからなおのこと、アメリカはそれ以上の核不拡散を大原則にしました。そしてそれを、言うことをきかない国を潰すときの口実にしています。

二〇〇三年のイラク侵攻も、サダム・フセイン政権が大量破壊兵器を開発していることが理由にされました。その証拠を、当時のパウエル国務長官が国連に示しましたが、それは後でニセの資料だということが分かっています。

とりわけ、このアメリカのイラク潰しを見て、金正日は核開発を加速させたと言われています。そのとき北朝鮮は、石油問題とは関係がないのに、イラク、イランと並べて「ならず者国家」に指定されました。

その後もイランは脅されています。経済制裁の理由はつねに独裁か核開発です。イランはオバマ政権の終わりにEUも含めた国際的な協定を受け入れて、核開発は控えることにしたのですが、トランプはその協定を一方的に破棄し、そのやり方に乗ってアメリカはイランを締め上げているわけです。

対米核武装の成功

アメリカはそのようにして北朝鮮を核開発に追い込みながら、同時にそれを北朝鮮を圧迫する理由にする。つまり北朝鮮を脅威だとみなすことで、極東の軍事体制維持、韓国・日本との軍事連携の求心力にすることができます。

それはまた、アメリカの対中国戦略の重要な一角でもあるわけです。そこへトランプが登場し、その歴史的経緯を無視して思いつきで動く。そんなところに米軍が金をつぎ込むより、韓国と日本にやらせておけばいい。

それに、北朝鮮との敵対関係を解消して国際社会に組み込めば、歴史的外交成果だといえます。朝鮮戦争は休戦協定だけで、まだ終結していない。それが東アジアの恒常的な不安定要素になっている。南北和解の道筋をつければノーベル平和賞ものではないか、というわけです。

けれども、いま言ったような事情から、核不拡散を戦略外交の軸にしてきたのがアメリカだし、これまで国際世論もそれで引っ張ってきている。一方の北朝鮮は、だからこそ核を持つほかないと思って、とうとうグアム、ハワイまで届くミサイルの開発に成功したようです。これで、アメリカはもう北朝鮮を攻撃できない状態になった。抑止理論からすればそうなります。

だから二〇一八年の年明けには一転して、金正恩は我が国も核大国になったと宣言したそのすぐ後で、平昌オリンピックに参加して南北合同をやろうと言い出した。

韓国の文在寅大統領はただちにそれを受け入れます。もちろん、韓国内には相変わらず対北強硬派がいるし、軍事政権の時以来だからそれは根強い。しかし、よく考えてみれば、両国の対立関係は非劇的な歴史的事情、とりわけ冷戦があったからで、これまでは相手と深く敵対することが第一の国家的要請でもありました。

けれども、それは民族の悲劇というもので、つねに統一の夢はあった。現実的に考えても、この対立がなくなったら、韓国はどれぐらい軍事的・経済的あるいは心理的に楽になることか。それは北朝鮮にとっても同じです。まさしくウィンウィン。だからそこに期待して、文在寅は一歩を踏み出すことを決め、トランプも立ててこれをなんとかうまく軟着陸させようとしたわけです。

軟着陸させるためには

トランプは初めからそのつもりだったかどうかは分かりませんが、この理屈は分かったでしょう。それに、あの若い金正恩がわずか数年で国内を掌握して、アメリカ大統領と渡り合おうとする、その太々しさとか独裁ぶりが、ほんとに気に入ったのかもしれません。「金正恩ってかわいい奴じゃないか、俺もそうやりたいぐらいだ」と。平壌にトランプ・タワーを建てるのもいいだろうし、儲け話はいくらでもできて、何より歴史に名が残せる。だからトランプはそれをやりたい。

ところがそれを嫌がったのが日本と、アメリカのいわゆるネオコンとか正統右派です。副大統領のペンスとか国務長官のポンペオもそうですね。彼らが常に主張するのは、北朝鮮の「完全かつ不可逆的な非核化」です。

だから、トランプは北朝鮮に乗せられてるんじゃないかとか、見張りながら邪魔するわけです。どちらも、北朝鮮は交渉もできない「ならず者」、妥協の余地はない「敵」にしておかないとまずいんですね。

けれども、本当に冷静かつ客観的に考えてみると、ずっと孤立している上に強力な経済制裁を受けているから、北朝鮮は大変苦しい。そういう意味で戦争が継続しているわけで、国家的に疲弊しているし、それでも国内を締め付けて、鬼畜米南に打ち克つと吹き込みながら、指導者崇拝体制をつくって、無理を重ねて核開発もやってきた。

大事な点は、**核武装は対アメリカであって、韓国も、ましてや日本も眼中にない**ということです。核があればアメリカと交渉でき、国が潰されないという確証を持てれば、それで韓国とも対等以上にやれる。そしてそうなったらもはや核兵器は必要ないんです。

あるいは、東ドイツのように南に完全に吸収されるのは、北朝鮮をこれまで維持してきた人びとには絶対に認められないことだから、その暴発を避けて軟着陸させるためには、この国を維持しながら、時間をかけて変えていくしかない。

そうしないと、つまり南北の戦争になれば、またものすごい数の犠牲者が出るでしょう。そういうことまで考えると、北朝鮮を軍事で潰すとか、追い込んで暴発させるとかいうのは、狂気の沙汰です。だいたい、二五〇〇万人の人が住んでいるわけですから。

だから、今の朝鮮民主主義人民共和国という国を、一旦国際秩序の中に受け入れて、徐々に変えてゆくしかないでしょう。そういう交渉なら、向こうも乗ってくる。それしか孤立脱却、存続の道はないのだから。

悪い国でいてもらわないと困る

北朝鮮がなぜあれほど核開発にこだわるのかを考えてみると、それは日本には間接的にしか関係がなく、仮にアメリカの承認があって、南北和解が成ったら、北朝鮮にはそれ以上核は必要なくなるんです。

ところが、今のような日本政府は、とにかく南北和解が成ったら困る。なぜかというと、南北和解で一つにならなくても共同歩調になったら、この一〇〇年間の関係をどうするのかという話に必ずなります。冷戦下での日韓条約はあるけれども、日朝条約はまだない。だから日韓条約のときに包括解決といって、いろいろな形で経済支援をして済ませたけれども、今度はそれでは済まないでしょう。徴用工の問題とか、慰安婦の問題などに北も入ってきますから。もともと旧植民地を助けるとか、少なくとも友好関係だけは築くとか、そんな姿勢のまったくない政府・政権ですから。

それに、南北和解となり、南北がある種の連邦のようになったら、二〇年後には人口八〇〇〇万の、今以上の技術経済力を持った国ができるかもしれません。かたや、日本の人口は二〇五〇年には八〇〇〇万台に減っている。そうなったら日本はもうアジアで大きな顔をしていられなくなる。

南北統合が実現したら、IT化、グローバル化の時代に、サムスンのような韓国の大企業と、北朝鮮の労働力や資源によって、アジアの一流国になれる一方、このままでは日本は、アメリカにすがるだけのアジアの二流国になります。

中国のGDPはすでに二〇一〇年ごろに日本を越えて、いまでは三倍近くあります。現実的に考えても、中国に頼らなければやっていけない国になっているんです。そのうえ朝鮮半島にそういう大国ができたら、日本は極東の並の国になる。それに対する隠れた不安というのが、韓国・朝鮮つまり半島蔑視になって出ているのではないでしょうか。

だから、北朝鮮は悪い国でいてもらわないと困るわけです。そしてあれは悪の帝国で、核兵器を持とうとしているから、ともかく組み伏せて、尾羽むしり取ってグウの音も出ないようにしておかないと放さない。それでないとダメだ、と日本は言っている。だから拉致問題も、解決しない問題として使えばいいということです。

トランプが北朝鮮との和解を進めたいという姿勢を持ち続けているので、日本政府はあまり北朝鮮の「脅威」を言わなくなりました。そしてその分だけ、韓国に強く出て、韓国が敵対的だということを強調するようになりました。

ということで、今の北朝鮮を巡るアメリカと日本との微妙なずれを見ながら、一九一〇年以来、二〇世紀に入ってからの東アジアの状況全体を振り返ってみると、見通しはクリアになってきます。

第４章　日本の明治一五〇年

1　形成と変容の概説

さて日本ですが、まず**明治一五〇年**ということで考えたい。

二〇一八年が明治元年から数えて一五〇年でした。時の政権が「戦後」を否定して明治を持ち上げる傾向があったのに、どういうわけかこの明治一五〇年はあまり表立って騒がれませんでした。しかし、これを振り返ることには大きな意味があるでしょう。

というのは、明治はやはり日本の歴史の大きな、決定的な転換点であったわけで、それ以降いわゆる近代化・西洋化が始まります。近代日本というのは事実上、明治に始まるわけで、そのときから一五〇年経ったのが今日《こんにち》です。

その一五〇年を振り返って見たときに、ちょうど中ごろに大きな節目があった。それが敗戦です。明治から七〇年を経たあたりで全面戦争に突っ込んで、その破綻から立ち直ってまた七十数年経ったのが今日と考えると、**敗戦がちょうど折り目になる**わけです。

明治の初めから日本が世界状況のなかで大きく変わっていったように、敗戦以後も、また大きく変わってゆきますが、戦後の転換点は冷戦の終わりとグローバル化で、それは日本だけのものではなく、世界の状況の転換でした。そしてその果てに現在があることを考えると、明治一五〇年をしっかり振り返ってみる価値はあるでしょう。

西洋の世界展開と日本の参入

日本を世界の中で考える、国際関係の中で考えるときの出発点が幕末・明治です。

いわゆる明治維新という、内戦を伴った国内異変が何だったのかといえば、西洋列強が世界展開の果てにこの閉ざされた島国にまで至って、開国を迫ったことへの対応として起きました。だから、この節目は世界史的には、アジアの端の島国が、西洋（オクシデント）の広げてきた世界の枠組み、つまりは近代の国家間秩序、主権国家体制の中に組み込まれ、そのプレーヤーとなってゆく端緒です。

ヨーロッパは地続きの陸地だから、大地に杭を打って柵を作り、国境線を引いて国々の権利の範囲を区別しました。カール・シュミットが言った「大地のノモス」というものです。ヨーロッパはそれで広域秩序を作った。シュミットはそれを「ヨーロッパ公法秩序」と呼びましたが、それが一般的には「ウェストファリア体制」と言われる国家間秩序、法的に言えば国際法体制です。そこでは、主権国家はお互いに内政干渉をしない、そして勢力均衡によって安定を保つという相互的システムで、こういう国家間規範システムは歴史上初めてのものでした。厳密な意味で「国際関係」が語れるのはこれ以後のことです。

さて、「大地のノモス」は、今度は海を越えてゆきます。というより、それは、当時ヨーロッパに開かれていた海洋世界との関係で再構成されてゆきます。陸地では杭を打って境界画定できるけれども、海には杭を打てない。だからグロチウスなどが唱えたような「海洋自由の原則」を対として作り出します。陸は相互承認の規範的な領域（ラウム）だけれども、海はその「例外地帯」であると。

つまりそこは「自由」のラウムで、その「自由」とは「法の適用外」、いわば海賊御免、そして早い者勝ち、強いもの勝ちが認可される領域です。西洋諸国、正確に言うならラテン・キリスト教圏にとってはそうでした。その法源は神ですね。だから教皇がその境界画定をします（教皇子午線）。

それ以後、国家間秩序を構成する国々はそれぞれ「先占取得」の論理を盾に領土を獲得し、植民地支配を広げて世界展開してゆく。それが二〇世紀の世界秩序のもとになっていくわけです。アメリカはその「海の彼方の自由」を制度化して成立しました（詳しく知りたい方は拙著『アメリカ　異形の制度空間』をごらんください）。

さて、その波が日本にまで及んで来たとき、日本はその秩序の中に呑み込まれるのではなく、対等の主権国家になろうとして、みずからの近代化・西洋化を試みる。中央集権の法治国家をつくって、西洋諸国と同等の立場になろうとするわけです。

戦争で認知される

そこでどうするか。ウェストファリア体制が最後の宗教戦争だった三十年戦争（一六一八―一六四八年）から成立したのと同じように、主権国家であることを名実共に示すには、外国との戦争をやらなければならない。初めて国境画定しようとするとそうなりますね。

ところで、「戦争」という言葉は実質的には、近代国家の対外戦争（war）を示すために使われる言葉です。昔は、日本では戊辰の役とか西南の役のように「役《えき》」と言っていました。民の夫役の「役」です。戦後教育のあるときから、戊辰戦争、西南戦争と言われるようになりましたが（明治国家形成の戦争ということで）、戦争という語があてはめられるのは日清、日露の対外戦争です。

清はその頃まだ、西洋諸国に「眠れる獅子」とか言われていましたが、実際は立ち上がれずに老衰した大国ということで、西洋諸国の食い物になっていましたから、日本がアジアの隣国清に勝っただけではまだダメです。

さらに日本は、朝鮮半島をめぐってロシアとも戦争することになった。これは苦戦したけれども、要所で勝ったところで、アメリカが仲介に入り講和にもっていった。だから賠償金はあまり取れなかったけれど、朝鮮半島からロシアを引かせたし、遼東半島と後の満州の権益を譲り受けることができた。そして一九一〇年に韓国（大韓帝国）を併合して、日本はとうとう拡大ウェストファリア体制下の主権国家というだけでなく、西洋的世界秩序のプレーヤーとして認められることになったのです。

そして翌年、悲願だった不平等条約の改正を果たします。ちょうどその頃、国内では「明治の世」が終わることになります。そして世が替わり大正になってすぐに、ヨーロッパで起こった第一次世界大戦では、物資供給の工場として発展し、戦後に作られた国際連盟では、五大国の一角を占めて常任理事国となるわけです。

近代日本の進路のずれ

国際秩序との関係ではざっとそんな流れですが、内部にはいつも葛藤がありました。初めからいわゆる「民権派」と「国権派」との対立があり、文明開化・殖産興業の国策の陰では、日清・日露の戦間期に田中正造の名を高からしめた足尾銅山鉱毒事件があり、韓国併合の前後には、大逆事件のフレームアップで社会主義者が一掃されるということもありました。石川啄木が「時代閉塞の現状」や「ココアのひと匙」を書いた頃です。

そしてその後の議会を足場にした「大正デモクラシー」の気運も、「天皇の軍隊」を主張する軍部の台頭で抑えられてゆきました。その先には、大陸進出し「神国」となった日本の「玉砕戦」へのなだれ込みがあったわけです。

その全面戦争の時期が、明治維新から今日までの一五〇年のちょうど真ん中に当たります。明治のとき、世界秩序の末端で近代国家として出発した日本は、それで一度破綻する、つまり世界相手の「無条件降伏」で崩れ落ちることになります。

一見すると、競合相手に力で負けたと見えますが、世界史的にはそのあたりに大きな転機がありました。西洋諸国は最初の世界戦争で価値観を転換する必要に迫られていた。それが曲がりなりにも国際連盟を作る方向を開いたのですが、第一次大戦を「文明の破綻」としてではなくむしろ発展の機会として通り抜けた日本は、その根本的な変化に気が付かなかったのですね。日本にとっては世界を規定していた西洋的な転換より、「明治の終わり」が一大事件だったわけです。そこから世界史の基本的な方向と、近代日本の進路のずれが始まり、その逸脱による破綻を画したのが敗戦だったと言っていいでしょう。

「自発的隷従」の時代へ

無条件降伏だから、国としては国際秩序の中で一旦無力化されました。そしてそこから新しいレジームが始まった。

天皇はそのまま存続することになりますが、憲法は新しい国際秩序の原則に適合するよう変えざるをえません。それでないと自立国家として国際社会に復帰できない。敗戦した以上、協調というのが自立回復の条件ですから。しかし、それで戦前の統治層は一掃されたかというと、そうではありません。占領当局は彼らを使って日本を統治しますから。なので、そこからが**日本のアメリカに対する「自発的隷従」の時代**ということになります。

旧来の統治層は、戦勝国、占領当局に対して、「私たちを生かした方がお得ですよ。この国の統治に慣れていますから、お役に立ちます」と言って、占領統治体制の中で自分たちの地位を保持していく。それが「自発的隷従」です。だから、戦前の半階級社会の統治層が、依然として一般国民の上に立つという構造は実質的に変わらなかった。

だから日本は、それまで「鬼畜米英」と言っていたのに、敗戦後は宮武外骨が盛んに批判したように、手の裏を返して「アメリカ様」にかしずく国になったのです。でも、それは子供たちが米兵にチューインガムをもらって喜んだからではなく、統治層がアメリカにとり入らなければ国内の地位を保てなかったからです。民主主義は原則になったけれども、アメリカは日本に反米政権ができないようにあらゆる手を尽くします。

その体制で日本は冷戦期を潜りました。

そうこうするうちに、いわゆる国民国家の実質構造は崩れてしまいます。国民は兵隊に行く代わりに、国家がみんな面倒をみてやるという体制ですね。グローバル化の時代、そこで国内の規定要因として働いているのは、経済的な収奪構造です。経済がグローバル世界の原理になると、「自己責任」と言っておけば、国は国民の面倒を見なくてよくなります。それで格差はどんどん拡大させながら、自由競争の原理で全面的に社会を運営していく時代が始まったわけです。

そうなったときにも、統治層はアメリカに対して「お役に立ちますぜ」ということで自分たちの地位を確保してきたから、それが当たり前になってどこまでもアメリカについていき、言う通りに舵を切り、軍事の肩代わりはするわ、国の資産はアメリカの市場に提供するわ、いったいどこの政府かわからなくなります。

当初の代、つまり戦犯たちの代は、腹にいち物あってもアメリカに従う。ところが二代目は、初めからアメリカへの従属を当然の姿勢と肯定的にとらえる。そして三代目ぐらいになると、アメリカに染まることが何より自分の地位の保障になるので、そんな意識すらない隷従です。日本の首相は着任すると必ず、参勤交代のようにワシントン詣でをしますが、そのうちアメリカ政府がどんなでも、アメリカ大統領と世界で一番親しいことが、国際社会で大きなポイントであるかのように誤解し、それを国内外にひけらかす、そんな奇妙な倒錯が出てくるわけです。

ここまで、明治一五〇年の日本の国の形成と変容の大筋をたどってきましたが、そこで日本の近代化のプロセス、戦後の再構成のプロセスの要がなんであったのかを詳しく見ていきましょう。

2 明治時代とは何だったか

正統性の論理

まず、明治期の変化の根本は、**国際化**だということですね。開国と言いますが、それ以後、日本で起こることは世界と繋がるようになったということです。

それを西洋的な国家間秩序からすると、日本を世界秩序の中の一主体というか、プレーヤーにするということです。

そのために日本は、幕藩体制のような形ではなく、一国としてまとまる中央集権国家を作らざるを得なかった。そのときに、何が国を一本化する軸になるかと言うと、天皇しかなかったということですね。

他の可能性もあったかもしれません。フランス革命に学べば、百姓一揆や草莽《そうもう》自立のやり方で、そのまま共和制国家を作る道がないわけではなかった。けれども、それまでの武士中心の身分制社会だとか、どういう力の結集が幕府を解消できるかとか、現実の条件の中で、いろいろな利害確執をまとめて、一元的な国のよりしろになりうるものが、結局、それまで宙吊りの権威にされていた天皇しかなかったということです。

一つの政治権力というのは、単に力（暴力）だけではできなくて、力がつくる状況を安定させ、あるいはそれを秩序として支えるのは、まずは**正統性の論理**です。統治をレジティメイトする、根拠づける、そして人びとを納得させるものは何か？　ということです。だからこのときも、日本で一元権力をつくるために担がれたのが天皇家だったということです。

権力が持続的に維持されるためには、正統性が必要です。その正統性は、たいていその社会に通用する物語に支えられていて、ヨーロッパだと長い間、その役割をキリスト教あるいはローマ教会が果たしてきました。江戸時代まで天皇は実際の統治には関与しておらず、権威としては京都の簾の内でまったく形骸化していたけれども、それでも徳川将軍を誰が承認するのか、誰が将軍の権力の裏打ちになるのかと言ったら、形式的にでも帝によって、征夷大将軍（蝦夷《えみし》征伐の武人）に任命されるという形をとってきたわけです。それによって、この国の統治を任されるという形をとることが、幕府の正統性の論理でした。

主権とは何か

だから幕府を倒すという暴力（戦）の正当化も、皇室に政治権力を戻す（大政奉還）という大義で、天皇を中心とする国ができることになった。「錦の御旗」と言いますね。「官軍」です。それが実は、国際状況の、国際関係の中で要請された西洋型国家になるということに対する、日本のある意味では逆説的な対応だったわけです。国際情勢への対応というのは、まずは中央集権国家になるということ。そしてその集権国家が、西洋型の主権国家であって、同時に国民国家だということです。

主権国家とは、一定の領土を持ち、その領土を一括統治する法権力のもとにある国家です。その権力は、国内で最高の権力であって、それを支えるのは、領民がひとつの権力の下に同じ法制度に従って統治されるような国法制度です。

主権は王権がモデルになっていますが、その頃ヨーロッパではキリスト教の神が正統性の根拠でした。けれども、領土国家の基盤は実はそこに住んでいる人間ですから、その民は単なる領民ではなくて、国民になります。王権でさえ、国民の持つ力を基盤に立っているということです。

そうなると、国は国民が支えているということで、国民主権という考えが出てきます。国民が主権者だと言ったときには、無数の人びとが関わるわけだから、法的なフィクションになりますけれど、理念的には国家の原理は国民にあることになる。

すると、たとえ国王のいる国であっても、その国王は国民の代表であって、統治権力の正統性の元は国民にあると論理化される。それが近代国家です。そしてそういう論理に現実的な力を持たせていったのが、商工業の発達のような経済的活動であって、それが社会や地域の富を生み出す基盤になって、政治権力さえそれに支えられるようになる。

もちろんそこに、ホッブズ以来の社会契約論的な考え方が、国民主権を根拠づけるものとして準備されていました。経済活動は、いわゆる市場を場として展開されるから、それぞれの個人の活動を自由にしないと活発になりません。だから、個人の自由を尊重するか、あるいはその自由を国が支えるといった捉え方、考え方になっていくわけです。

そして国家主権というときにも、王制下で内と外に対して無制約な生殺与奪の権限を振るうということよりも、ナショナルなユニットとしての一元制を体現することと、対他関係を代表するというのが主権の役割になります。

というのも、まさに近代日本がそうしてできたように、主権国家は国際的な相互承認関係の中でしか成り立ちませんから。

民主制と交渉の主体

国民が国家のベースになると、国王がいても代表民主制のような制度を導入せざるを得なくなる。そして国事の決定に何らかの形で国民が参加する体制になります。正統性の観点から見れば、それが民主制ということです。

ヘーゲルの哲学はそれを代弁しています。主人と奴隷の弁証法のように、王が君臨しているように見えながら、実は王は何も生産できないから、奴隷に依存せざるを得ない。だから実質的には奴隷が主なのだといった論理で、国家と市民社会を繋ぎました。

近代国家の特徴とは、基本的には国民がベース、そしてその国民は原則的に対等だということです。そして、そういう条件を抱えて、それぞれの国は対外的には主権の相互承認秩序に従い、ひとつの国として振る舞います。そして外に出て異邦に出会うと、まず自分たちのルールで契約主体になれと要求する。まずは交渉ができて、その交渉結果をお互いが法として守る。そういう秩序の主体であれということです。

ところが当時の日本の場合、西洋諸国はどこと交渉すればいいのかわからない。幕府と交渉しろというが、どうもまとまっていなくて長州藩や薩摩藩は別の態度をとる。それでは、信用が置けないから、対等の交渉相手とは認められない、ということで、日本に不平等条約を押しつけてくる。

人は会社員であるから仕事をするのか、仕事をするから会社員であるのか。

黒井千次（『働くということ』）

なにが不平等かと
洋人の行動に対して
ない。治外法権とい
しかない、というこ
も攘夷を主張しても
を得なかった。それが

　交渉主体と言いましたが、主体はそもそもアイデンティファイできないといけません。「おまえは誰か」と言われて「私はこれこれだ」と答えられるかどうか。これは西洋の戦略的手口です。たとえば、イギリス人がインドに行ったとき、まず、「おまえは誰か？」と訊く。するとインド人は、「そんなこと訊かれる筋合いはない。私は私だ」と思う。するとイギリス人は、「だから君らは無知なんだ。君らはアジア人なんだよ」と言う。するとインド人はぽかんとして、「エッ？　私はアジア人……ムムッ？」と思うわけです。これで名前をつけられて、イギリス人の優位が確定するんですね。

　ようやくインド人が「ああ、私はアジア人なんだ」とか言うと、「そうなんだよ、よく答えられたね。じゃあ、君を私の弟子にしてあげよう。ここはイギリス領だけど、君はここを統治していいよ」となる。これでインドは、他者を対象として規定し支配する西洋的秩序の中に取り込まれるわけです。

そして、インド人が「私はインド人です」と答えると――そう答えられることを、リスポンシブル（responsible）と言いますが――、応答ができる。リスポンシブルを名詞化すると「責任」です。だから、君は「責任をもてる」。では、ここの統治を任せようとなる。そうして、西洋の優位というか普遍性が意識のレベルで作られます。そして英語を話すようになった人間は、インド人でも心は西洋人、名誉白人の支配階層です。

翻訳語をつくる

こんなふうに、地球上の他の地域は、西洋諸国によって西洋的世界秩序の中に統合されていく。ただ、日本の場合はここが少し違っていた。そのときに二重のことをしました。ひとつは、システマティックに翻訳して、**日本語のなかに西洋を取り込む**。もうひとつは、**軸になる時間意識を固有のものにする**。

近代の学校教育を初めから自国の言葉でできたのは日本だけです。西洋以外の地域では、少なくとも高等教育になると、その土地の言葉ではできなくて、西洋語――宗主国の言葉――でやるようになります。

そうすると、国内は実質的に二分されます。西洋語が話せる人間と、西洋語に、つまり世界にアプローチできない人間。そして西洋語を話せる人間が、話せない人間を統治するということになります。だから植民地支配から独立してからも、その分断が宗教問題と絡んで、その後の国家形成に非常に大きな問題となるんです。

けれども、日本はあらゆる形で翻訳語をつくりました。それまでの日本語にない言葉を、漢字二字を組み合わせて何とか対応する日本語をつくる。その造語は、初めは人びとに馴染まないけれど、学校教育が始まったので、そこで教えることで日本の通常語のなかに入ってゆきます。こうして、西洋由来のあらゆることがらが日本語で普通に語れるようになったのです。

たとえば「社会」という言葉。それまで日本には society なんていう観念はなかった。けれども、訳者たちがいろいろ考えて、「人が集まっているということだよな。でも集まるといっても、ヨーロッパには教会があるだろう。そうか、日本には社《やしろ》があるじゃないか。ならば、人が集まっているというのは『会』でどうだ」とか言ってつくります。それをやったのは漢学や蘭学の素養があった人たちで、西周《にしあまね》はその代表です（これについては、つとに有名な柳父章《やなぶあきら》という人の『翻訳語成立事情』という本があります）。

でも西洋語の society には individual（個人）とか contract（契約）とかの関連語がありまｓ。だから「社会」と言われても、そのまま society を写せるわけではない。なんじゃや、それは、と言われて説明するときには、「まあ世の中ってことかな」とか言わざるを得ないから、そうか、とりあえず、というのでたいていは「世の中」という理解をベースに、「社会」というのが考えられるようになる。

それで、社会という言葉も、society の元の意味とか、他の言葉との関連よりも、「世の中」というイメージのほうが浸透していく。だから日本語で「社会」と言ったときに、今では正確に society の訳語か、一対一で対応するのかと言ったら、「どうかなあ？」ということになるわけです。翻訳とは言っても、西洋諸語同士のようにラテン語を共通のベースにしているといった条件がないので、これは避けがたいことです。

ただ、ともかく西洋概念を全部日本語で置き換えられるようにおびただしい訳語をつくった。そのために西洋の知の根幹だった哲学や科学も、全部日本語でできるようになる。明治の初め頃は、大学の教師のほとんどは、お雇い外国人です。法学はドイツ語やフランス語で行われるものを学生は必死に理解しようとした。その学生たちは留学して、一生懸命勉強して、西洋の言葉と知識を持ち帰ってきて教師になる。そうなる頃には、日本語で教育を行えるようになります。夏目漱石もそうして教師になりますが、そのために今度は外国人教師が失職するのですね。

哲学で言うと、明治四四（一九一一）年に西田幾多郎が『善の研究』を出します。これは日本語で哲学した最初の本で、まさに同時代の西洋哲学の核心にもふれています。それが、四〇年間かけて日本語の大改造をやってきた成果の現れだといってもいいでしょう。日本語の大改造にはもうひとつ「国語」形成というのがありますが、そのあたりはイ・ヨンスクさんたちの業績（『「国語」という思想』他）を参照してみてください。

ともかく、西洋の文物がすべて日本語の中に取り込まれて、誰もが「国語」のうちで全智識にあたることができるようになった。これは他に類のない日本近代の特徴です。

翻訳する日本の特殊性

ではなぜ、他のところではできなかったのに、日本では翻訳ができたのか。

たとえばアフリカでは西洋各国語の浸透は広範で、多くの地域で公用語になっています。地図で見ても、英語圏やフランス語圏に分かれていますね。それは、もともとこの地域が基本的に無文字社会だったからです。何かの蓄積が書き物として残っていない。歴史化されていないということです。集団の記憶を担う役割の人たちはいますが、その人たちが死に絶えれば蓄積はなくなります。文字を書いて残しておくと、後の人はそれを足場にしていろいろな制度のベースがつくれます。

書かない文明にも、ダンスのように書くこととは別の刻み方があったりしますが、どうしても書く文明の蓄積に潰されるところがある。事実上、書いたものを頼りに強い信仰体系ができて、自分たちの正しさを信じられるところは圧倒的に強くて、アメリカ（という名前をつけて消された世界）も、アフリカもそれで潰され、浸透されてしまいます。

日本の場合は、早くから中国から漢字が入っていました。その漢字を通して中国を知ると同時に、それを自分たち流に活用して記録を残すことまでしていたのです。だから、そのおかげで、西洋の言葉も翻案転記できるようになっていた。すでに江戸時代の初めから、蘭学がせまい範囲だけれども重要な学問になっていて、『解体新書』という医書も訳されていました。そのための道具として、漢学使用の蓄積があったのです。

それからもう一つ。ポルトガル人が初めて日本に来たとき、日本には南蛮図屏風のように、どんな人たちが来たのかを克明に描き出す作業がありました。つまり、向こうから「異人」が来たとき、単に見られ観察される対象になるのではなく、他者を他者として認知し、把握しようという姿勢があったわけです。

たとえばアメリカ大陸の先住民たちを見てみると、海の向こうから白い神が来て、自分たちは滅びるといった伝承はあったようだけれども、コロンブスたちがどんな船でどんなふうに来たかを描いたものはありません。逆に、西洋人たちは、上陸やその新天地、先住民のことを、自分たちのイメージに合わせて――たとえばギリシア・ローマの神話風に

――描いたりしています。

日本の場合は克明に描き出す力があった。古くから中国経験があり、東アジア関係があったからでしょう。それで西洋人が何を考えているのかを自分たちの間で共有するために、日本語で汲み取り、吸収し、分かち合おうとした。

実際、幕末の頃にもっとも流布したのが『万国公法』という、アメリカの国際法の教科書です。このことも、この膨大な翻訳作業が何であったかを、端的に示しているといえるでしょう。他者として受け止めて、自分たちで国際ルールから理解共有しようとする意識があったということです。

そういう対象化的、関係的姿勢が日本人には前からあったことは、非西洋世界の中では珍しいことだったようです。三〇〇〇年前から海を隔てて巨大な権力構造・中国があった。そこから漢字が入ってくると、自分たちで使えるようにと、ひらがな、カタカナをつくる。漢字がわかれば意味は通じるから、それをこちらの言葉の中に当てはめていく。日本にはそういう経験の累積があった。その上に明治の翻訳作業があったんですね。

日露戦争から国際連盟へ

国家的主体として日本は、最初に清国との戦争をやります。そしてそれから一〇年後に日露戦争をやります。日本海海戦だとか、旅順港攻撃と二〇三高地とかいくつかの会戦があって、そこではたしかに日本が優勢だった。

しかし、ロシアは広大な国です。ナポレオンが四〇万の軍隊で攻め込んでも、さんざんな目に遭って退却したし、第二次大戦ではナチスがモスクワ近くまで侵攻し、レニングラードは九〇〇日間包囲戦に遭っても、最終的には全部押し返しているような国です。懐が深くて、土地はある、資源はある、人はいるというので、長期戦なんかできません。

ただ、日露戦争のときは一年で、アメリカが協力して講和にもっていってくれました。そして一応勝ったということになって、日本が西洋世界の注目を集めました。

日清戦争では台湾を植民地として得ていましたが、日露戦争の結果、ロシアの影響力を斥《しりぞ》けて朝鮮半島を併合します。こうしてイギリスやフランスのように、海外領土を持つ帝国になりました。これは、ヨーロッパ以外の国では初めてで、世界に拡大された国家間秩序の一人前のプレーヤーとして承認されるわけです。

それで明治が終わり、一九一四年には、ヨーロッパで第一次大戦が始まります。そして一九一七年にロシア革命が起こり、一九年にベルサイユ会議が始まる。第一次大戦の講和会議ですね。

西洋諸国が自分たちの繁栄を求めて弱肉強食の世界支配を競ってきたのですが、もう世界に余地がなくなってとうとう共食いになってしまった。それが「文明の危機」です。このままではいけない、利己的な力の競争だけでは、国際秩序は成り立たない。というわけで、従来の主権国家体制を制約する枠組みとして国際連盟が作られました。

それはベルサイユ講和に続いて、一九二〇年に作られますが、ヨーロッパの大戦で漁夫の利を得た日本は発展し、常任理事国になりました。けれども、これを提唱したアメリカは、モンロー主義ではじめから参加しなかったし、革命直後のソ連は共産主義だというので警戒されて、入らない。だから仏・英・伊、日本、そして遅れてドイツの五ヵ国が軸です（やがてソ連も入ります）。そのときまでは日本の上昇期で、日本はまだ世界秩序の鬼子ではありませんでした。

ただ、ちょうどその頃から、日本の戦争の歴史の上では目立たないけれども、かなり大規模に対ソ連のシベリア出兵（一九一八〜一九二二）を行っています。ロマノフ朝から新しいソビエト連邦になったことが国際社会に認知されると、西側の国は兵を引き揚げるのですが、日本だけはつごう七年間も居座り続けます。これがその後の満州問題やノモンハン事件、あるいは日中戦争に繋がっていきますが、このときから日本が独自権益の主張を声高にするようになるのです。

3　逆のドライブと天皇制

一世一元制

さて、明治以来日本のやったことをひとことで言えば、**近代化**です。

近代化とは、たんに科学技術の導入と産業化だけでなく、それに伴う社会統治の**合理化**を含みます。合理化とは、世俗的にいわゆる理性原理に従って社会を組み直していく、組織化していくことで、総じて合理主義ということです。そこには法治体制、民主政治ということも含まれます（合理主義そのものが非合理なものを抱えている、といった議論はここではひとまず措いておきましょう）。

その**近代化の出発点のところで、実は日本は、逆のドライブを組み込んでいます**。

天皇を軸にしたということもありますが、西洋近代も王政から出発しています。政治機構がどうしても正統性を必要とするとしたら、日本には当時、天皇しかなかったというのは否定できません。だから立憲君主制から出発することには無理からぬところがあったのですが、それで近代化を進めて民主制を実質化することに対する逆のドライブが、明治初めに組み込まれます。それは何か。一世一元制です。

それまでも元号はありました。しかし元号が変わるのは、吉事・凶事や干支等がきっかけでした。つまり改元は天の気配を占って「世」を変える、というようなことでした。それが明治改元のときに、というより東京遷都のときですが、慶応を明治に改め、「一世一元の詔」が出されます。現天皇が在位するかぎり改元はしないと定めたのですね。

ちなみにこのときの天皇即位（践祚《せんそ》）は慶応三年一月で、明治に改まったのは慶応四年九月です。そして元号は天皇が没するまで続き、その元号を天皇のおくり名とすると決めました。だからそれ以後、つまり大正になるとともに、あの睦仁天皇は明治天皇と呼ばれるようになったのです。

「明治の御代」という言い方があります。日本語の「よ」というのは「世」にも通じていて、これは時間にも空間にも通じる言葉です。だから「一代一元」ではなく「一世一元」というわけです。「世」は天皇が「シラス（統らす）」、その「世」です。また、「世替わり」と言います。つまり天皇の一代がその「世」のあり方を決めている、世の中が現天皇の存在に結びつけられている、ということです。端的に言えば、一世一元制というのは、社会的な時間を当代の王の現存に結びつける、**社会的時間の枠を王の在位一代で区切る**ということです。

たとえば、昭和天皇が生まれた時から死ぬまでが昭和なのではない。天皇として即位してから死ぬまでが一世であり、一元なんです。そうすると、この制度がある国・社会では、時間が、在位する天皇の生きている身体というか、生きているというそのことで性格付けられて、区切られることになる。

この制度は明治天皇の崩御によって初めて現実化しました。つまり、日本人はそのとき初めて、天皇の死による「一代の終わり」を深く体験することになったのです。たしかに、その直前に大逆事件とか朝鮮併合とかの大きな出来事がありましたし、世界ではヨーロッパ大戦に地滑りしてゆく頃ですが、それは日本では時代の画期にはなりません。

日本では、明治から大正へという改元が大きな転換だったのです。そのとき、明治が終わった、という深い時代意識が生まれました（これについては、島薗進『明治大帝の誕生』という印象的な本があります）。これが一世一元制の根本的な効果です。つまり、天皇の生き死にに結びついた、ナショナルな時間の繭ができるということです。それが否応なく、内向きのネーション意識を作ります。

日本の元号はもちろん、元来は中国の慣行を導入したのですが、最初の元号は「大化の改新」の「大化」ですね。実は一世一元の制度も由来は中国です。中国は明の時代、紅巾の乱の後で権力をまとめた洪武帝の時から、皇帝一代の間は元号を変えなくなりました。たぶんそれは、それまでの人の統治を超えた自然の理にしたがって「世」を代えていたものを、むしろ帝の存在そのものが天気であるとの思いから、あるいは帝の統治を絶対化するような形で、一人の皇帝の間は「世」は変わらないということにしたのでしょう。清王朝もそれを継承しました。天から人へ、ですね。

「王政復古」の機会に日本もそれに倣ったということです。これは「詔」という形で、天皇自身の布告として出されていますが、もちろん、当時の「幼帝」自身が決めたわけではないでしょう。後に明治憲法ができるとき、皇室典範に定められますが、発端は天皇自身の布告として演出されています。

天皇の権威

では、影の薄かった天皇は、幕末になぜ国家再編の軸になるような権威を持ったのか？一八世紀後半に本居宣長が出て、影響力の大きい仕事をしました。幕府のイデオロギーだった朱子学を批判して、唐ごころに対する大和ごころを立てようとした。江戸時代の学問というのは、国内統治の学としては朱子学が重んじられ、一方、一部の治者は世界の事情を知るために蘭学に頼っていました。それは新井白石あたりからの流れですね。

朱子学と蘭学ばかりが重んじられる世情のなかで、宣長は、「では日本固有の考え方はないのか」と思案したわけですね。それで『古事記』や『源氏物語』に向き合い、そこから固有の論理を洗い出そうとした。ふつうは「漢心」に対して「大和心」を打ち出し、「神ながらの道」の自然、「神のまにまに」のありようを示して、世の学者たちの「さかしら」を批判したとされています。

要するに、幕藩体制を支えていた朱子学は中国由来のものですが、それからの自立ということを考えた。ナショナルな意識というものを洗い出し、磨き出そうとしたのが、宣長の仕事だったと言えます。それは、どういう言葉で考えるか、その言語の特質は、といった問いと不可分になります。「こころ」の表出は「言の葉」によるわけです。

ついでに言っておけば、こういう発想は、世界同時代的でもありました。たとえばドイツでは、グリムが出てドイツ語を問い、フンボルトやヘルダーといった民族と言語を問う学者が出てきます。それは、西洋先進国家（英仏蘭など）による世界展開があったから、その周辺で（ドイツはまだ統一されない西洋の周辺国でした）それぞれの地域がそれぞれの自立性の根を掘っていくという作業があったのだと思います。

この宣長の考えが平田篤胤などによってドグマ化されてゆきます。つまり神道と結びついて教条化し、宗教的イデオロギーになってゆきます。そこでは「みやび」や「もののあはれ」ではなく、天皇の神格化、天皇の権威の絶対化が起こって、幕府を倒すということが課題になるときに、将軍を任命する朝廷の権威が表立ったこともあって、水戸国学の系統が発言力を大きくしていくわけです。

「……名において」治める

室町・江戸時代を通しての長い天皇の「蝕の時代」というのがあって、その先に「王政復古」となるわけで、天皇がどういう存在だったかということの基本は押さえておかねばならないでしょう。発端はやはり『古事記』と『日本書紀』の成立です。

それ以前に素材はあっても、国記として系統的に作られるのはそのときです。そしてそれを作ったのは天智、天武両皇と、それを繋ぐ中大兄《なかのおおえ》の盟友だった中臣鎌足の子、藤原不比等です。中大兄はいわゆる「大化の改新」のあと、みずからは天皇にならずに女帝を立てて、晩年に即位している。その間、鎌足と国造りをして、それを「書く」という形でまとめたのが不比等です。そこで天皇は、「天孫降臨」以来一系の天子として位置づけられ、その天子を守り立てるのが藤原一族で、権力者が天皇を立て、その「名において」統治するという形がここでできました。

それがいわゆる「天皇制」の原型だとすると、「……名において治める」の「名」の位置に天皇がいて、摂政・関白とかの公家が、そして後には武家が征夷大将軍として、その「名のもとに」実権を振るう。そういう仕組みだということですね。

つまり日本において天皇は、統治の正統性の根拠として作られてきたわけです。天皇自身、『古事記』『日本書紀』が書かれた時代以降、じつは実質的な統治権力はもっていません。為政者が「……の名において」権力を保持するための名目としての天皇です。何がその実質を支えていたかといえば、「お言葉」でしょう。初めに『万葉集』が編纂されます。八世紀半ばのことです。大伴家持の手を経て編纂されたと言われていますが、これが最初の「万の言の葉」を集めた房となり、一〇世紀初頭にその補遺またはそれ以降の歌を選んだ『古今和歌集』が編纂され、これが最初の勅撰集つまり天皇の命で編まれた歌集になって、それ以降二〇に及ぶ勅撰集が作られています。

平安時代に天皇の政治的実権はほとんどないけれど、勅撰集はずっと作られる。勅撰集が作られなくても、宮中では歌会が続く。それが明治になって儀礼化されます。そうしてみると、政治的には形式的な権威の位置だけを与えられている天皇が、実質的にやってきたのは言葉をまとめる、保持するということなんです。それを本居宣長は、「大和心」の表現として評価した。

大和言葉というものがあるとしても、実際にはどんどん変わっていくはずだけれど、変わっていくにしても、天皇は「世々」を経ながらその守り人となってきた。この天皇が言の葉を体現している、この世に語られる言葉がこの人に集約されているわけです。

そして、その言葉をある強力なエンブレム（紋章）として使うと、一人ひとりにかなり影響します。そういう時のエンブレムとして、一世一元制は機能していると言えるでしょう。

天皇の権威とは何だったのかというとき、たいていは神道で神に祭り上げられていた、つまり宗教的なものだと言われるわけですが、それは国家神道ができてからの話で、実はこのような言葉あるいは歌との関係が支えてきたのではないかと思います（それ自体きわめて宣長的、あるいはハイデガー的な考え方ですが）。

なぜ元号に固執するのか

今の元号も、なぜそれが当然なのかということは問われません。この制度は、明治政府ができるときに、つまり近代国家になる間際に、封建時代からのへその緒のようにして作られたのです。それが明治憲法体制では皇室典範に書かれます。

ところが敗戦により、国家神道の解体とか天皇の人間宣言などとの絡みで、皇室典範も書き換えられます。天皇制は維持されたけれども、新しい皇室典範には元号の規定はありません。そして一九七〇年代、昭和の天皇が七〇歳を過ぎる頃から、心配した人たちがいて、元号法制定運動というのを始めます。その運動を徐々に粘り強く展開して、一九七九年に元号法が成立します。

ただ、その元号法は何を決めているかと言うと、とにかく元号を制定するということと、それから天皇の代替わりのときに変えるということ、それだけです（そのとき元号法制定運動を担ったのが、今もまだ現役で活動している、「日本会議」の担い手です）。

敗戦のときに、天皇の退位は問題になったけれども、元号をどうするかは話題にならなくて、天皇の寿命が心配されるときに備えて、この元号法が出てきた。そのままだと昭和の後の元号に法的根拠がまったくなくなるからです。だから中身はなくとも法律さえあればよかったということですね。

日本が近代国家であるためには、天皇がいたとしても、元号は必ずしも必要ではなかったでしょう。事実、本家の中国は辛亥革命のときに廃止して、中華民国は西暦を採用しました。それ以後は、戦後の共産党独裁の時代になっても、代替わりで元号を変えるようなことはしていません。

日本の場合、一部の人たちがどうして元号に固執するのか。

生活感覚からすると、私たちの世代では西暦は日常生活の中にも浸透していました。とくに東京オリンピック以降ですね。あのときに昭和三九年のオリンピックとは言わなかった。世界に向けてのオリンピックだから、「一九六四年のオリンピック」と言うことに意味があったのです。そうして、一九七〇年、一九八〇年というのが普通になり、子供に生年月日を訊いても、西暦で返事がくる。それで何の不都合もありませんでした。

けれども、元号法が制定されて、昭和の後、当然のように「粛々と」平成になる。すると、公文書や役所は元号を使うようにという政令が出る。それからです。私たちは、文書を昭和、平成で書かされるようになった。履歴書なども元号を使わないと受け付けてもらえない。事実上の強制になったわけです。

それがなぜ課されるかというプロセスは全部隠されている。そういう太政官令のようなやり方が、平成の代替わりのときに実現したのです。そしてそれは、強制ではなく当然のことされるのですね。それが日本の元号です（このことは拙著『世界史の臨界』に書きましたので、よかったら参照してください）。

ナショナリズムを性格付ける

明治から大正の切り替わりは、この元号制度が初めて、そして決定的な威力を発揮したときでした。その区切りは、一九〇〇年あるいは一九一四年という世界の節目とはずれていて、そのあたりから日本の近代化は、独特の時間の繭の中に閉塞してゆくようになります。

それは、日本のナショナリズムを性格付けてもいます。ヨーロッパ諸国、あるいは他の国のナショナリズムは、国家が教会になり代わって「信」を組織するといった性格が強いですが、日本のナショナリズムは、自然的な心情に根ざしていると言われます。

それは、ここに流れる時間がここだけの繭を作っていて、その繭が「節＝代」と呼ばれるように、自然的に区切られる共通意識の枠に寄りかかっているからでしょう。そしてその「世」が、生きる一代天皇の現存に結びつけられる。時間に名前を付けて、天皇の一代と結びつけると、そこの中に自閉してしまう。だから「繭」と表現しました。そうすると、日本は違うという意識が非常にナチュラルなものになります。

明治の日本の近代国家形成は、いろいろやむにやまれぬ事情の中で、さまざまな努力や野心や利害やいろいろなものの錯綜のなかで、生まれた権力に対して反対するものを弾圧しながら作り上げられてきました。そして国際的には一等国の中に入っていく。

けれども、その一方で、これが国際関係の中でのことである、つまり**開国によってこうなっているということを忘れさせる装置が初めから埋め込まれていた**わけです。それで日本だけで自閉的、利己的に考えるという傾向も強くなる。いわば世界的な時間、世界時間と違う軸でこの社会が成立していると思わせるような装置です。

では西洋で使われ、今では世界化しているキリスト暦とは何なのか。

これは、イエスが生まれた、神の子が終わりの日は近いという福音を携えて地上に登場してきた。その時から時間の質は変わったのだから、それを基準に年月を数えるという暦です。だったら、キリスト教とあまり縁のないところで、なぜその世界観に合わせたこの暦を使わなければならないのか。それは事実として、西洋キリスト教文明が世界に広がり、それで世界が一つになったから、その暦が共有されるようになったというだけのことです。しかし、世界がそうして一つになり、事実上の基準になっている以上、それを非宗教的な共通暦として使うことで世界の共通性の軸になっている、ということですね。

宗教の自由と神道

それに関連しているのが、**政教分離**の問題です。

明治の近代国家を作るときに大きな課題だったのは、信教の自由の問題です。要するにキリスト教の禁を解くかどうか。幕府が鎖国政策をとった大きなねらいはキリスト教を入れないことでした。開国から成立する明治政府にとってもやはりこれは難題だった。キリスト教をフリーパスで入れてしまうと、皆たちまち耶蘇教徒になってしまって、日本ではなくなってしまうという危惧があったのでしょう。

キリスト教は異国の神が唯一で世界を創造したという話ですから、日本は聖書のどこに書かれているのかとか、天皇の地位はどうなるのか、という話になるわけです。このときに、西洋諸国の要求を受け入れるかたちを作りながら、どうやってキリスト教をコントロールするかが、仏教の扱いとも関連して議論されます。それをまとめて献策したのは、井上毅《こわし》のようです。明治六年に宗教に関する太政官布告令が出ますが、その原案です。

この布告令は「宗教」という用語の使用を方向づけた文書でもあって、ここには、信教の自由はこれを認める、とされています。だからキリスト教も信仰してよいと。

ただ、ここに言う「信教」とは、仏教諸派とか、キリスト教諸派などの諸々の教派であって、それを信仰するのは個人の自由に委ねる。信仰は内面の事柄だからそれでよい、ただし、公の事柄に関しては、日本古来の習俗である神道をもって行う、ということになるのです。

これに従えば、神道は宗教ではありません。宗教というのは、内心においてこれこれの神を信じるとか、教義に従った信仰を行うということだが、習俗は違う。それは、日々トイレに行くとか、顔を洗うとか、風呂に入るような、生活上のシキタリであって、竈《かまど》にも神がいる、これは習俗であって宗教ではないと。そして「公」のこと、つまり国事や公式行事はその習俗に従う、それは神道だというのです。

神道はそれまで、天皇家の崇拝儀礼でした。けれどもその天皇が国主になる。そうすると天皇家というのはまさに大宅家《おおやけ》ですから、その神道が国のしきたりになるというわけです（「宗教」という用語の成立には、中村哲による整理をはじめ、多くの研究がありますが、私をもっとも啓発したのは阿満利麿の『日本人はなぜ無宗教なのか』です）。

巧妙な制度的な作為

ただここで、信仰が一人ひとりの内面の問題（私事）であるというのは、じつは西洋のプロテスタント原理、つまり宗教改革以降の近代原理です。そのプロテスタント原理をうまく導入して宗教を「定義」しながら、神道をそこから除外するということをやった。たしかに、神道は習俗だとは言えても信仰ではなかったですからね。日本はそれで西洋近代の政教分離に代えたわけです。ただ、そのときに政治はニュートラルな公共空間にはならなかった。だいたい、西洋の「パブリック」を「公」と訳しましたが、それは「おおやけ」つまり朝廷ということになりますね。だから、たしかに宗教は私的なものとして「自由」になったけれど、公共空間はこれを神道で枠づけるということです。

これは「天皇親政」の帰結ですが、その前に廃仏毀釈の運動がありました。それまで社会的に大きな力を持っていた寺の力を削いで、神社に与えようとするわけです。そして神社が政府の下で組織されてゆきます。

それまでは檀家制度があって、どの家も寺の檀家になり、お寺に人別帳などもあって行政管理の末端を担っていた。それをやめさせて、神社庁を作って、神社体系を全国で組織化します。そして神社にその権限を移す。仏教寺院、お寺の持っていた財産なんかもそちらに移す。そして檀家制度に代わる氏子制度で、神社が戸籍管理するというようなことまで考えた。

この神社制度というのは神道非宗教論、つまり神道は日本社会のベースだという新しい規定の上に作られ発展して、敗戦を経ても生き残り、日本社会でいま見られるような興隆を得てきました。実は敗戦のときに、占領政策の一番の標的になったのも靖国神社とも結びついたこの制度です。占領軍はこの神社体制を国家神道の構造を支えるものとしてまず解体しようとしたのですね。神道指令というものです。

つまり、神道は日本の国家宗教になっていて、それが思想・信条の自由を抑圧する基盤だったので、神道の特権体制を解体して、信教の自由を広く認めることで戦前のような体制を復興させないようにと考えたわけです。

けれども、神道勢力の方は、いち早く神社本庁という官庁風の名前で、名目的に国から切り離された私的宗教法人に衣替えしました。私的宗教法人になると宗教の一つだということで信教の自由の原則に逆に守られることになります。そういうわけで、神社本庁は私的宗教法人として生き延びた。そして、時機を待ったわけです。

日本で神道が国家制度と結びついて大きな力を享受したのは、明治初期から敗戦までの約七〇年程だけでした。そうして手に入れた神道の栄華を何としてでも取り戻したいというのが、私的法人となった神社本庁にとっての至上命題だったでしょう。だから、今日まで、復古的運動の中核を担ってきたわけです。

何を言いたいかといえば、明治国家形成のときに、これは一世一元制とも結びついていますけれども、神道を「非宗教」として設定したのは、巧妙な制度的な作為です。それが、議論の枠組みを作るよりも先に、社会の制度や共同意識の基盤に埋め込まれていくという、非常に大きな役割を果たした。それが今でも社会的議論を妨げる元になっています。

開国のとき要請された信教の自由は、ヨーロッパでは政治と宗教との分離として、公私の区別に対応していたけれども、それが区別を巧みに掛け替えて、日本の近代化の最初に埋め込まれた、超政治的な制度になってしまったということです。

4　昭和の敗戦がもたらしたこと

義勇兵起源ではない

さて、明治のときに始まった日本の近代国家づくりは、西洋的な規範に合わせたものだったけれども、これが次第に変質し、七十数年経って破綻します。それも、西洋を真似たつもりのアジア侵略の果てに、西洋そのもの、あるいは西洋的な世界動向と衝突することによって破綻するわけです。

これについてはいろいろな説明の仕方があります。ドイツ、イタリアとか、ヨーロッパでも後発の国というのは植民地再獲得を目指して、先進の国と衝突するんだ云々。その動向の中で、日本はむしろ西洋に植民地化されたアジアを解放しようとして、大東亜共栄圏を目ざしたのだとか。

けれども、ここでは開国以来、世界化する国際関係の中で国造りをやっていこうとしたのが、どうして破綻したのかに注目したいと思います。敗戦後、今度はどういう国際関係にさらされるようになったかといったような観点から見ていきましょう。

その前に、もう一つ言っておかなければならないのは、近代国家をつくるときに**軍隊**の問題があることです。

近代の民主制の国民国家では、軍隊の基本は義勇軍です。もちろんそれ以前に王の下に身分的な軍隊はあったけれども、国民国家の軍隊は、国民がみんな政治に参加する代わりに、税金も払う、自分たちがその国を守る、ということが原理になっています。徴兵制もそれで正当化されました。逆に、国防に参加する以上、権利があることになります。

典型的な例がフランス革命です。国王の軍隊が解体された後どうするか。革命が起こると、革命に対する諸外国からの干渉が始まります。そうすると、革命を守るためには国内を抑えるだけでなく、外国に対しても防衛戦をしなければならない。自分たちが自由を手にしたという状態を守るためには、フランスという国を守らないといけないわけです。

だから地方から「自分たちが守る」という人たちが集まってきます。そのときマルセイユからやってきた義勇兵が歌っていたのが「ラ・マルセイエーズ」という今の国歌ですね。彼らは、獲得した自由を守るためには自分たちが戦わなければならないと思った。

この義勇軍が元になって、徴兵制が敷かれます。そのモデルはみんなで自分の国を守るという義勇の精神です。その兵隊がほんとに強かった。とくにナポレオンに率いられた兵は。彼らはお金で雇われた傭兵ではないから、危険な目に遭っても戦い続ける。それでついに一時はヨーロッパを制覇したわけですね。その強さを研究することから、近代の戦争についての古典を書いたのが、プロイセンの敗軍の将だったクラウゼヴィッツです。

それに対して日本の軍隊は、初めから明治政府が戊辰の役の官軍の延長として組織した。やがて徴兵制が敷かれますが、その軍隊は天皇の軍隊として位置づけられます。西南戦争では試練に遭って、結局は薩摩の侍同士が戦ったりと悲惨なことが起こって、軍隊の中でも不満が出る。しかし、この軍隊を基礎付けていくために、これは天皇の軍隊であるということで「軍人勅諭」が布告されます。そこでは、『古事記』『日本書紀』に則ったような形で、天皇に一朝事あれば天皇の手足として動くといった神話的な性格付けがなされるわけです。だから、西洋近代の義勇兵とは起源が全く違います。

独自権力になっていく軍部

その後、明治憲法で一応の立憲体制が整えられますが、そこでは「万世一系の天皇これを統治す」となっていて、天皇は三権の「補弼《ほひつ》を受ける」ことになっている。なおかつ天皇は「無答責」で、行政にも立法にも司法にも責任はもたない。統治者が責任をもたないというのは、すでに述べたように、昔から天皇には政治責任などないからです。ただ、それとは別に、天皇は軍の統帥権を持つということになっています。

そこが西洋型の国家との大きな違いです。日清・日露戦争を通して、軍隊の存在は統治体制の中でも大きくなってゆきます。そして先述したように、シベリア出兵の頃から軍が現場で独自の主張をする。大正年間には、第一次大戦後、戦争を避けるために軍縮条約や不戦条約といった政治的努力が各国で進められます。

ところが、そういう国際協調には軍がひたすら反対する。「軍部」と言いますが、軍隊が政治的に独自権力になっていくわけです。それがひどくなり、軍部の意向に沿わない政治、外交をすると、初めは非難排斥されるだけですが、そのうち殺されるようになります。そしてやがては軍部のバックがないと、あるいは端的に軍人でないと首相も務まらなくなります。そして軍人首相が登場し、そうなると破綻するまで止まりません。

軍の統帥権ということが言われます。つまり軍は政府にではなく天皇の命に従うのであって、政府が軍部のやることには口出しできない。それは天皇の「統帥権の干犯」である、というわけです。軍は行政権を超えた特別の組織だという主張ですね。そして、天皇の神聖な権力を盾に、意向に沿わないものを排除する力を持つようになったわけです。

これは「国体」という観念とも結びついて、日本独自のあり方だとされてゆきます。どこにも「お国柄」はあり、それは気候風土とか特産みやげとかに結びつく程度の話のはずですが、日本ではそれが法を超えた強制的な制度観念になっていきました。それが結局、明治立憲体制から大正の政党政治、あるいは大正デモクラシーといわれるような時代、最終的には平民から首相が出るような民主化の流れをすべて崩していきます。

一九三三年に京大で滝川事件が起こりました。滝川幸辰教授の『刑法読本』が赤化思想だというので追放され、三五年には当代の代表的憲法学者美濃部達吉の「天皇機関説」が不敬罪で告発され、著書が発禁になるだけでなく、暴漢に襲われます。彼は勅選議員、つまり天皇に選ばれた議員だったのですが、不敬罪だとして追放される。その挙げ句に、模範的な歴史研究をしていた津田左右吉の本さえ、いわゆる日本神話を無視しているというので発禁処分を受ける（四〇年）といった状況になっていきます。

まともな考えはすべて封じ込められて、誰もが「神国日本」に同調していくほかなくなります。そうでない者は「非国民」です。

そうなると、もう歯止めが利かなくて国は戦争に突っ込み、うまくいかなくなっても続けることだけが目的のような形になり、とうとう国ごと破綻してしまう。それが、開国明治以後七〇年の帰結として起こるわけです。天皇の「名において」独自権力となった軍部とその同調者たちが、国を引き回して亡国に導いた。それが近代日本における軍の性格でした。だから、どんな形であれ、いま日本が軍隊を持つというときには、そのことの徹底的な反省が必要なはずです。

装置としての天皇制

西洋近代諸国では、軍が独自の権力になって、国政を左右したという例はほとんどありません。ナチズムでもそうではない。こういうのは戦後独立したアジアやアフリカ諸国では見られるし、植民地独立闘争をやったところでは、いわゆる解放闘争の武装組織がそのまま政権をつくるので、軍が力を持つのは仕方がない面もあります。それがうまく民主制に移行できればいいけれど、軍は独自の力を保持しようとしますから、どんな憲法をつくるときにも大きな影響力を持ってしまいます。

アジア・アフリカ諸国では、しばしば軍部によるクーデターが起こります。国内が分裂するとすぐに軍が出てくる。これは西洋諸国ではほとんどありません。それは、軍が政府の指揮下にあることが当然の伝統になっているからです。

日本の場合は、軍は国民のではなく天皇の軍隊だった。だからといって、天皇が動かしたのかといえばそうではない。そもそも大政奉還の時から、天皇を国家の正統性の軸にしようとした人たちが、「天皇の名のもとに」国を運営することを決めただけです。その後の天皇の地位も、働きもそうです。天皇自身は君主として育てられ、決定者の役割を負うようになった。天皇機関説はそのことを合理的に説明しただけです。

戦争に関しても、天皇に責任があるかないかと言ったら、国際関係上は主権者だとしたら責任があることになりますが、日本の中で見た場合に、天皇を使おうとする人たちが姿を隠すための装置としてしか機能していないわけです。

天皇制とはそういうものだと思います。

すでに述べたように、この仕組みは大化の改新後に作られました。そのとき中大兄と鎌足は律令体制の基盤を作り、その一方で、「記紀」の編纂でそのファウンデーション（定礎）を行います。つまり、天皇家の統治を正統化（神話化）します。そして、藤原摂関家が天皇を立てて政治を行うシステムができました。

その実質執政者が摂政・関白から征夷大将軍になって、武家統治の正統性を与える。明治は征夷大将軍がなくなったということであって、その時代を経ていわゆる元勲たちが生まれるわけです。その係累たち、末裔が体制の変わったいまでも日本の支配層の中核を占めていますが、戦前はそれが軍部に乗っ取られた。そういうことが、戦前の日本の破綻の水脈だったと言えるのではないでしょうか。

戦後の自衛隊はというと、冷戦下で最初に作られたときに、経験者もいないとまずいというので、旧日本軍の人材が復帰して軸になる。だからしばらくして、自衛隊上がりの人たちが政治家になると、とんでもないことを言ったりする。それは六〇年代からありました。上意下達で、上の命令は絶対になっていて、理不尽なことでも何でもやらなくちゃいけないから、特攻戦術なんかが出てくる。それを生み出す仕組みというのは、今風に言えば、いじめの構造です。そういう傾向が今も再生産されている。もちろん、もはや天皇の軍隊ではないけれど、今では「日米同盟」下、アメリカの軍隊です。

世界の流れと反りが合わなくなる

それは措くとしても、近代化の果ての敗戦＝無条件降伏が何だったかというと、日本は世界の全体的な流れの中で鬼子のようになって潰されたということです。

では、その全体的な流れの方向はどうだったのか。近代世界のユニットになる国家をつくるとき、元は多くは王制だった。それが民主制へと変わっていき、それが近代の社会編成転換の軸になったわけです。ところが日本は、そこに逆のドライブを埋め込んだので、国内外の近代化の進展につれて、そのドライブが効いてくる。それで主流の西洋的世界の流れと反りが合わなくなっていく。

これについては、いろいろな言われ方があります。

一つの言い方は、後発の資本主義国は、先進資本主義国に対して利権の再配分を要求して、帝国主義戦争を起こす、という言い方。これはマルクス主義的、あるいは経済決定論的な捉え方です。

別の言い方は、西洋支配からのアジアの解放。しかし、それが眉唾に思えるのは、日本は「アジアの解放」と言っているのに、みずからは「脱亜入欧」で西洋に同一化してアジアを支配しようとする。そのときの権利主張の根拠としてのみ、アジアへの帰属を利用するからです。また、近代国家形成が神国日本になっていくように、国の内実は近代化の流れとは逆行していきます。だから、国際的な「五族協和」とか言っても、じつは「八紘一宇」で、まったく「アジアの解放」にはなりません。

まあ、自明と言えば自明のことですが、日本の海外展開は、結局は西洋の植民地展開を、西洋とは違うという自己都合の論理で、同じようにやることのカモフラージュでしかなかったということです。今風にいえば「フェイク」ですね。

そのことは、ある種の「両義性」として、戦後のアジア諸国の独立の過程で露呈してくるし、特にまた冷戦後のイデオロギーの清算のなかで露《あらわ》になってきます。

日本では太平洋戦争という言い方があるように、アメリカ（英米）との戦争だと思われてきました。しかし実際には日本の戦争は、シベリア出兵から始まる大陸進出があって、日中一五年戦争と言われますが、ずっと大陸で進められてきたわけです。それの拡張としてアメリカとの戦争が加わる。そしてそれが、西洋世界で勃発した第二次世界大戦（世界戦争の第二波）の一角として合流することになったということですね。

国連体制と世界人権

そしてこの戦争が、ドイツと日本の両国家の崩壊によって終わります。ドイツをナチス化していたヒトラーは、文字通りドイツ国家を道連れにベルリンで自殺します。一方の日本は、原爆攻撃を受けてやっと、ポツダム宣言を受け入れて降伏した。それで、六年にわたって世界が炎に呑み込まれた史上最大規模の戦争は終息したのです。

その後の世界秩序の再編は連合国側の役目になりますが、この二度に及んで世界を破綻させた戦争をどうするか、これが共通の課題です。こうした戦争に再び世界を陥れない体制づくりというのが課題です。それは第一次大戦の終わりから始まっていました。だから構造的には、国際連盟の失敗を克服して、共同安全保障体制というものを作る。これが連合国（United Nations）の制度化としての国際連合（United Nations）になります。それがウェストファリア体制以来の「戦争自由」に歯止めをかける。

戦争のテクノロジーも進化して、一九世紀後半に連発銃が機関銃になり、ダイナマイトもできて、「すごいぞ！」と言っていたのとは桁違いに、一発の爆弾で一都市をまるまる消滅させる兵器ができた。これで戦争をやったらとんでもないことになる。だから、もはや戦争を起こしてはいけないというのが世界の流れになります。

第二次大戦は、ファシズム（当時は全体主義とは言われなかったので）諸国家対民主主義国の戦いとして整理されていました。連合国は民主主義を正当化の論理にしたわけです。それで戦争の趨勢が見え始めると、連合国は戦後世界の秩序の原理を打ち出すために会合を始めました。その節目が、合州国のフィラデルフィアで開かれたのですね。

それは単に国家間の関係を協議したのではありません。民主主義の下でも戦争は起こる。とりわけ近代の産業化した社会では、雇用労働が一般の人びとの生活条件になっていて、それが崩れると、人びとは容易に戦争を求めるようにさえなる。不安や憎悪が苦境の捌け口にされるからだ。そのことをナチズムは典型的に示している。

戦争が起こらないようにするためには、国家間の力の政策を抑えるだけでなく、それぞれの国で人びとが社会的に安定して生きていけるようにしなければならない。それが民主主義の基盤でもある、というので「フィラデルフィア宣言」が出されます。

すでにふれましたが、そこで強調されたのは、各国で社会権（労働権）を保障しようということです。それをさらに一般化すれば、誰もが生存権をもっているという考えです。

それを国際スタンダードにしようという動きになります。国際連盟のときにすでにそういう発想があって、ＩＬＯができました。そのＩＬＯ強化が打ち出されます。

この宣言の「精神」は戦後の国連憲章や、何より第三回国連総会（パリ）で採択された世界人権宣言に引き継がれてゆきます。そこでは、いわゆる「文明」世界だけでなく、全世界に普遍的に適用される「基本的人権」というものが打ち出されます。

人種、国籍、出自、性別などで人を差別すると、分断や憎悪を生む。それを排して、あらゆる人は、生まれたことが一つの権利だと社会が保障しなくてはいけない。国際関係もそれをベースにつくろうという原則が立てられるわけです。

このことは、最近では振り返られることはほとんどありません。しかし、世界戦争から、よく言われるように「一つになった人類」が引き出した帰結だったわけです。それがいわゆる「戦後秩序」というものの原理になっていきました。

農地改革でつくられた基盤

日本の場合は無条件降伏ですから、国家破綻を起こしたようなものです。でも戦前は五大国の一つですから、そのまま潰して中国に任せるなどとはできない。日本という国を、違う形で復興させるというのが国際世界の課題になるわけです。

もちろんそこで、アメリカは自国がいちばん労力を使い犠牲を出したからと権利を主張して、日本を単独占領することになります。ただ、単なる敗戦国の処理ではなく、占領政策に関しては、連合国側の志向のようなものが当然働きます。

そこで、まず最初は先ほど触れた神道国家体制の解体です。その次には、明治期にどさくさの中で大きくなった財閥が軍部と結びついて利権を追求し、国の経済構造をいびつにして戦争で利益を得ていたというので、財閥解体をする。いわば経済の民主化ですね。

もう一つ重要なのは農地改革です。明治期の転換では、旧来の社会構造を急激に変えないために、昔の名主、小作の関係はあまり変わらなかった。それで、多くの貧しい農民たちがいつも収奪され、それが軍隊への人材供給源になって、軍隊の意識もいびつにしてきた。そのせいで軍のクーデターも起こる。だから農民をそれぞれ自立させようと、農地改革をやります。これは農民人口の大きかった日本にとっては非常に重要だったでしょう。

それはなぜか。天皇の国という形で一体化するのではなく、平等意識、互助基盤が作られて、みんなが潤うように社会を作るというベースができるからです。農民についても、一定の農地があって、自分の畑として耕せるという自立性が生まれ、その意味での平等化の上に、生活水準のかさ上げがなされたから、みんな一生懸命働いて、それが嚙み合ってよくも悪しくも戦後の成長が可能になったということです。

農村は工業化で置き去りになりますが、その結果が、一億総中流と言われた戦後社会でしょう。日本は模範的な平等社会で、国民は基本的にみんな豊かだと、世界的にも評価されるようになる。その基盤になっています。

占領下の改革の受け止め方

そうすると、占領軍による戦後の改革というのは、外国が来て勝手に嫌なことをやったというよりも、むしろ近代日本にとって非常にポジティブなことをやったわけです。そこには、当時の世界の基本的な方向性が反映されていた。

ただし、占領下でのいろいろな改革、変化は多くの人びとからは歓迎されたけれども、そうでない向きもあった。戦争期までの国家体制への統合圧力から目が覚めた人たちは、「戦後」の平和と占領政策による改革を歓迎し享受した。けれども、それで特権や利権を失った人たちもいました。その人たちも、いわゆる民主化によって結局は生きやすい社会になったし、自分たちにも十分の機会があると肯定的に受け止める人たちも多くいました。そういう人たちはいわゆる「戦後民主主義者」になってゆきます。

ただ、それは突然外から降ってわいたものかと言うと、日本の近代化のなかに脈々と息づいていた傾向でもあります。それは自由民権運動からあり、弾圧され、明治憲法体制の下でも民主化・近代化を求めてゆく流れはありました。それが、軍部の台頭などによって潰されて、「国体明徴」の「神国」体制に入っていったわけですね。だから、敗戦後の改革は、そうした流れの復興でもある。

ところが、日本は「神の国」であるべきだ、皆が天皇を敬愛して一丸となる、そしてアジアの雄でなければならない、自分たちがそれを指導するのだと考える人たちは、「国体」を守ろうと、臥薪嘗胆、あるいは占領軍に阿《おもね》って自分たちの統治権を維持しようとしたわけです。それを団体として支えたのが、私的宗教法人に身をやつした神社本庁ですね。半世紀の栄華を手放したら、明治以来の神道は永久に浮かばれません。

一方、敗戦によって民は塗炭の苦しみを嘗めた。それでも日本は負けたのだからと、その無念さを受け入れたところ、戦勝国は、その民が苦難から解放されるような施策を施してくれたというわけです。「鬼畜米英」とか「神国日本」とかいってきたけれど、結局負けてしまったんだから、アメリカに従うしかない。でも、これって悪くないじゃん、というわけですね。そうして、経済的に復興していってますますその有り難さを受け止めるようになる。それがまた「親米日本」のベースにもなります。

そして七〇年後の今、どういうことが言われているか。

「戦後レジームが日本をダメにした」と言われますが、こういう考え方は、明らかに「神国」復興派の流れです。

そういう考え方が復興してきました。選挙で政権を選ぶシステムの中で七年半も続くというのは極めて珍しいことですが、安倍晋三はこの流れの復興が担ぎ上げた政治家で、それが続いてきたということは、この流れがともかく勝利したことを意味します。しかしそういう状況の中でも、政府は国際社会では、「西洋的価値の共有」を依然として謳っています。それを表看板にしないと、独裁国家とか後進国だとか言われて、G7に入れてもらえないかもしれない。

ともかく「親米」であることで、西側の国だとみなされているということです。つまり、「戦後の否認」を進めるためには「対米従属」を深めなければならないという構造です。あるいは「対米従属」が「戦後の否認」の条件になっているわけです。

けれども、その「西洋的価値」とは、戦後日本のいわゆる「戦後レジーム」と呼ばれるものの軸になった、そういう諸価値のはずです。それは国際連合が組織されて、国連体制の下に世界が運営されていく、そして社会の軸としては普遍的人権がある、といったことにまとめられる諸価値です。今の日本もやはり、西洋的価値を共有するというのなら、「神の国」と言ったり、総理大臣が「天皇陛下バンザーイ」などとは言えないはずなのですが、それがもうできるようになってしまった。

西洋的価値は絶対か

では、その西洋的価値というのが絶対なのかどうか。

そんなことは言えません。日本にしても、どこの国にしても、誰かが決めて、誰かが統轄して、理想に従って全部をまとめ上げるなどということはできないでしょう。ときどき世界政府とか言う人たちもいますが、もしそうなったら、逆にとんでもない状況になるでしょう。世界規模の、外部のない全体主義体制になりますから。

そうではなくて、世界に歴史上形成されてきたいろいろな国々があり、民があり、いろいろな地域が組み合わさりながら、相互協調の中で、安定的な発展を保っていくというのが、やはり世界戦争後の世界にとっての基本的な要請だと思います。コロナ禍で試されているのも実はそのことですね。

その基本的な要請の具体化というか、課題を表明するものとして出されたのが国連憲章や、最近で言えば、二〇〇〇年に出されたサステナビリティ、持続可能な発展というようなビジョンです。大国やグローバル勢力の思惑で、なかなかそのままは実現できませんが、それらを基軸にしていかないと世界は事実上もたないという話です。

そのことを、今の世界では「西洋的価値」といっている。西洋近代の延長と考えられてそう言われているけれども、今では国際社会が成り立ってゆくための共通の条件のようなものです。しかし現実には、これの音頭取りがアメリカであるために、アメリカの国家的な意志によってだいぶ歪められたり、恣意的に使われたりする面があります。

けれども、それは今いろいろな国の社会規範のベースになっている。世界がひとつの国際共同体として成り立つための規範のようなものです。それは世界戦争から生まれたものであって、西洋的と言うにしても、もはや西洋だけのものではないでしょう。

5　失われた三〇年としての平成

無条件降伏から始まる

ここまで述べたことを簡単にまとめると、明治維新というのは、日本が国際関係の中に入っていくということでした。

よくある議論に、戦後憲法は押しつけ憲法で、明治憲法は日本が独自で作ったというものがありますが、日本が国際関係の中に入っていかなかったら、あんな憲法を作らなくてよかったんです。まさに明治憲法は、日本も近代立憲国家になりますと内外に宣言するためのもので、諸外国向けにまずは作ったわけです。そういう意味では、明治憲法自体が国際関係の中でできている。近代の国家体制とはそういうものだということです。

さて、戦後の日本は無条件降伏から始まります。世界戦争で、世界が崩壊したというか――とりわけ哲学者たちは「世界」という語を、私たちの生存の条件、関係の総体として考えますから、この戦争をしばしば「世界の崩壊」として語ります――、膨大な惨禍に呑まれ、廃墟の中に立たされて、その後の世界秩序をどうしていくかが真剣に問われた。国家間協力体制として国連機構が作られ、その国連秩序で協力し合う中、どの国でも内部で分断や憎悪から人びとが守られるようにと、世界人権宣言が出された。

そういう世界秩序再形成の中で、それとの関係の中で日本の戦後体制、戦後憲法秩序もできました。だからこれを一国内のこととして考えることはもともとできない。まさに国際世界の中での出来事なわけです。

ただ、この世界の戦後体制は、当初から米ソ両国の対立によって圧迫されます。この対立は「冷戦」と呼ばれましたが、戦後世界秩序の動きも、この冷戦によって凍結されてゆきます。平和と安定へのベクトルが、別の戦争のベクトルによって捻じ曲げられるといってもいいでしょう。そしてアメリカ占領下になった日本は、アメリカ陣営に抱え込まれます。

だから、当初、日本の非武装化と民主化を基本方針としていたアメリカは、冷戦下で日本を自分のコントロール下で軍事的にも使えるようにしようとした。それが、サンフランシスコ講和と同時に結ばれて、のちに一九六〇年に改定される日米安保条約ですね。

それに対して日本は、だいぶ分裂しますが、大筋では軍事負担を避けながら、沖縄を差し出したり、基地を提供するなどして、国内復興に邁進する。それで日本は経済復興をして、七〇年代を経て八〇年代には「ジャパン・アズ・ナンバーワン」といわれるぐらいの大きな力、少なくとも経済的な力を持つようになるわけです。

GHQと日本の支配層

その間に何が起こったか。

日本の戦前の支配層は、江戸時代までと違って、明治で組み替えられて新たに社会的地位を占めるようになった階層です。それが敗戦の転換期にどうなったか。

それを典型的に示すのが、原爆投下後の大本営の振る舞いです。広島・長崎に原爆が落とされると、その「新型爆弾」の被害を調査するために、大本営はただちに医務局に調査団を組織して現地に送り込みました。爆弾の威力や人体に及ぼす被害などを調査するためです。

最初は三〇〇人の医師・科学者、そして終戦の詔勅後は一三〇〇人に増強されました。ただし、詳細な被害調査はしても、治療はいっさいしなかったと言われます。その調査団は九月にGHQができるとその調査団と交代しますが、投下直後の三週間あたりの最も重要な調査は日本の大本営がやったわけです。そしてその記録は一一月までに英訳され、一万ページの報告書としてＧＨＱに提出されました。

このことは、二〇〇五年のアメリカの公文書公開を受けて、ＮＨＫ広島が制作したドキュメンタリー番組『封印された原爆報告書』（二〇一〇年放送）で明らかにされましたが、この報告書はそれまで国内ではいっさい公表されていません。けれども、アメリカではその詳細な調査報告が、後の対ソ核戦略の立案と、アメリカにおける放射線医学の発展のベースとして大いに役立ったということです。

その調査に関わった人は、番組のなかで、「アメリカの心証をよくしようとした」とか「占領の良きパートナーとして役立つことを示したかったのではないか」といった意味のことを証言しています。

つまり、この調査の目的は、開発したばかりの原爆を投下してアメリカが喉から手が出るほど欲しかった情報を、これから来る占領軍に渡して恭順の意を示す、ということだったわけです。じっさいそうなった。これを提供することで戦争犯罪も大目に見てもらえるし、大本営に関わっていた人たちが、自分たちを使ったほうが、占領統治がうまくいきますよと、ＧＨＱの下請けを申し出ていることになります。

結果的には、これで広島・長崎の住民たちは、最初の核実験のモルモットのようになりました。それが当時の日本の支配層のやったことです。戦前の支配層の一部は東京裁判で処断されるわけですが、その他はＧＨＱ統治下で、占領統治の下請けとして、つまりは相変わらずの日本の支配層として残っていきました。それも国民をそれまでの敵国に売り渡すというかたちで。このエピソードが戦争政策の破綻、つまり敗戦を通しての断絶と連続ということを端的に示しています。

日本の旧支配層は、みずからアメリカに隷従することで、日本における統治層という地位に留まることになったのです。だから、その後の日本にとっては「親米」つまりアメリカへの従属が大前提になりました。戦後日本のいわゆる右翼勢力が、対米自立を求めるより「親米」を人びとに押しつけるという奇妙な現象もここから出てきます。

ただし、当時の世代のエリートたちはそういうことを分かっています。だから、アメリカからいろいろな要求が出てくるときに、仕方なく承諾しながらも、なんとか日本のいわゆる国益も確保しようとするという、葛藤があったのです。

代表的なのは、対英米戦に消極的だったといわれる旧親米、親英派だった政治家の系統で、サンフランシスコ条約が成立したすぐ後で、今後の日米関係をどうするかという設計をした。一九五三年の池田・ロバートソン会談がそれで、通訳でついて行ったのが宮澤喜一です。そこでアメリカの要求する再軍備と教育基本法の改正には、池田、宮澤が徹底的に抵抗した。戦前の体制に返りたくなかったのですね。それで憲法九条を変えることと、教育基本法の中に愛国心を盛り込むという要求は、国民の疲弊と厭戦気分を理由に拒否しました。

その前にアメリカはA級戦犯だった岸信介を釈放して、日本の再軍備を進めさせようとする。その岸は保守合同で成立した自由民主党の党首になり、日米安保を改定する。それが一九六〇年の反安保闘争を引き起こすのですね。その安保闘争があったから、岸を使ってもそう簡単に日本の再軍備化はできないというので、アメリカは池田たちにテコ入れするようになるわけです。

日本社会の変質

近頃の政治家たちは、日米関係の軍事的ニュアンスを表に出して「日米同盟」と言います。日米は強く結びついていて、世界秩序の中で力を発揮している。日本が支えているからアメリカの世界統治が成り立っているのだと主張します。

でも事実上、どうなっているか。やっと育ててきた自衛隊を、海外展開できる日本軍にしたい。というのも中国の進出がいちじるしく、「国際情勢」が変わってきたから、と。しかし、実際に軍事行動するとなると日本軍は独自には動けなくて、米軍の指揮下に入ることになっている。これがここ一五年ぐらいの、日本の軍事化の枠組みです。日本軍はどうみてもアメリカの下請けか、米軍の傭兵のようなものです。それを「日米同盟」と称して日本の統治層は推し進めようとしている。

その間に、日本は経済的に発展して、アメリカは軍事負担も負えという圧力をかけてきたけれども、とりあえずは基地をたくさん持っておいて（とりわけ沖縄の基地は確保している）、米軍がそれを自由にできればいいという状態になっていた。

そして八〇年代に日本の経済力がアメリカを脅かすようになったら、日米安保関係は軍事的安全保障だけの問題ではないということで、日本の経済にも強く介入してくるわけです。とくに日本の独特の社会構造がいけないと、いわゆる構造改革を要求してくる。それが日米構造協議です。

その日本独特の社会構造というのは、近代化しきらなかった伝統的土壌に戦後の民主化の成果を接ぎ木したもので、いわば「戦後的」なものです。典型的なのは、海部内閣のときで、一〇年で六〇〇兆を超える金を日本の産業強化に使わずに、内需を作って国内で浪費しろといった要求です。そこから出てきたのがふるさと創生といった政策ですが、それが日本の社会経済をいびつにし、国内に無駄な利権の構造を作りだします。

それから、日本の生産性の強さというのが、労働者の地位の安定にあるから、これを流動化させるために、終身雇用制はいけないという話になります。これはみんなの生活を固定させるし、自由な意志もダメにするから、どんどん職を自分で選んで変えられる「自由」な雇用体制にしろと主張する。そしてそれは国際貿易上の不正だとまでいう。それには、アメリカ主導のグローバル化に対応して経営効率を高めようとしていた企業も乗って、その頃からいわゆる「雇用改革」が始まります。

そこで労働基準法に手がつけられる。日本の労働基準法は、前にふれた「フィラデルフィア宣言」によく沿ったもので、「労働は商品ではない」というスローガンを受けて「職業斡旋は営利でやってはいけない」という項目がありました。だから日本では、職業斡旋や失業対策は国でやることになっていた。

これを潜って最初に職業斡旋を民営化したのがリクルートです。初めはアルバイトのような職の斡旋でしたが、しだいに本格的になります。これは日本の社会行政の大きな変化でしたから、その変化は政治家や役所と結びついてリクルートは九〇年前後の最大の疑獄事件を引き起こしました。

九〇年代には「政治と金」の問題が頻繁に起こりましたが、それは雇用の自由化から始まります。次の大きな案件が宅配でしたね。郵政、物流のインフラは国家事業だというのが日本のそれまでのやり方だったけれど、物流コミュニケーションの営利化を始めて大手になっていくのがヤマト運輸と佐川急便でした。それが汚職事件につながる。

ついでに言っておけば、「雇用改革」は職業斡旋のつぎは人材プール派遣業、労働力の「置き屋」のようなものを合法化します。この利権をとったのがパソナです。でも、この頃は権利よりも自由が幅を利かす経済規範がまかり通り、当事者が政府中枢に入ってゆきますから、パソナは犯罪にはならなかったのですね。

冷戦の終わりと市場開放

ちょうどそのころ、世界では冷戦が終わりました。

それは社会主義の失敗と自由民主主義の勝利と総括されますが、イデオロギーはほとんど飾りで、要は、軍事拡大競争の末、とうとう片方が経済的・技術的体力で負けたということです。つまり経済効率の争いで、国家管理経済がダメになったということ、そうして自由市場システムが勝ち、その政治制度が自由民主主義だったということです。それをアメリカ国務省のフランシス・フクヤマが、「歴史の終わり」と言ってアメリカ合州国の体制の勝利を箔付けしました。

それ以降、世界は一元的な自由市場に組み込まれてゆきます。そしてそれを制約する各国の政治は、不当な障壁として取り払われてゆく。それがグローバル化ということですね。そして世界的に、「政治」は「経済」原理に決定ファクターとしての地位をゆずり、グローバル経済に引き回されるようになります。

そのとき、国家はそれまで引き受けていたさまざまな社会事業や社会インフラをすべて民間に譲り渡すことになります。民営化という語が、市場開放、自由化という言葉とセットで使われます。

市場の開放とは、堰き止めていた保護の柵を壊して市場がなんでも呑み込んでいくということですから、あらゆるものに値段がつけられ商品化する。それまであった、社会生活や行動様式を支えていたさまざまなルールは不当な規制だとして取っ払われることになりました。

それが民営化ですが、これは先にふれたように「プライバタイズ」の訳語です。その意味は公共の領域に属していたものを「私・私事」の領域に転換することを言います。公共的なものを私有物あるいは私企業のものにする。パブリックに対応するのが政治だとすると、プライベートに対応するのが経済です。昔から――といっても近代ですが――、経済は公権力から自由な私的な欲望の領域だとされてきました。だから「民営化」というのはかなり婉曲的な、というか実態を隠す訳し方で、基本的には「私物化」または「私権化」と言うのがいいでしょう。

イギリス初の女性首相サッチャーは「社会的なものは存在しない」と言いましたが、それは、別の言い方をすれば、公共的に保護されるべき領域はないということです。すべては市場の自由競争に任せるべきだ。そこで最適者生存で決められるのが公正な仕組みだと。人間社会も生物と一緒、進化論ですね。それで社会も許れと言う。

これを延長してゆくと、選挙も政策という商品販売競争で、じつは各人の欲望をもとにした市場原理で決定される。そして権力を手にした者は、選挙に勝ったことを根拠としてそれを私物のように行使することができる、といった体制を生むことになります。政治の中核さえも「民営化」されるようになるわけです。

新自由主義の意味

では、近年の市場開放というときに言われる「自由」と、アダム・スミスの時代の「自由」とはどう違うのでしょうか。アダム・スミスの頃は、教会がそこにあって、教会がその税金を取る権利を持っていたりとか、豪族がいて、保護かつ支配していたりしたことのせめぎ合いの中で、近代産業社会の企業家たちの私的所有権ができてきます。

それは旧来の拘束からの「自由」を求める。そのために解放の大義を必要としました。だから、たとえばアダム・スミスが「自由」を主張するときには、必ず世俗モラルへの信頼が伴っています。アダム・スミスは道徳哲学者ですから、市場の理論をつくるときにも、いろいろな形の条件、歴史的条件や心理的条件などをバランスさせて「自由」を立て、それを市場が調節するという考え方をとります。

けれども、アダム・スミスが『国富論』をまとめて出版したちょうどその年に、海の向こうで独立したアメリカ合州国は、ヨーロッパが生み出したシステムを無主地（処女地）で、私的所有権を初めから絶対的なものとして生まれました。そしてその排他的な私的所有権を法的基盤として、そこに元々住んでいた人間たちを無権利者として法の埒外に追放し、「自由の国」を作ったわけです。それまで、事実上のこととして進行していたそのプロセスは、合州国政府の形成によって制度化され、他の何ものでもなく私的所有権そのものを根拠とする「自由」のレジームを作り出したのです。

だから、一九世紀末から始まる合州国の海外展開は、「古いヨーロッパ」のような植民地支配の形をとりません。そうではなく、むしろ植民地支配から「解放」して「自由」をもたらし、所有権に基づく自由の体制をそこに植え付けてゆく、という形をとります。それを経済的支配と言うなら、所有権制度を持ち込むことで現地を経済的に合州国に統合する、ということになります。

古いヨーロッパのシステムが世界に広がった挙げ句、世界戦争でそのやり方は破綻します。そしてその後は、アメリカが実質的な世界帝国となって、その制度原理を全世界のグローバル市場のベースとして広める。これが「新自由主義」と言われているわけですが、この自由主義がどういう意味で「新」なのかということを誰も示してくれません。対抗する社会主義がなくなった後の自由主義だから「新」なのか。それなら新資本主義ですね。

いままでの考え方だと、アダム・スミスの頃の自由主義に対して社会主義的な考え方がいろいろ出てきて、それが自由主義に対する道徳的な、あるいは正義感的な牽制になってきた。だから、自由主義の側は福祉国家という再分配のシステムを取り込んで社会主義に対抗しようとしてきた。やがて社会主義が潰れると、もう福祉国家はいらないということで野放しになったという意味で、新自由主義といわれる。

もちろんそのような説明もできます。しかし、はっきりしているのは、これは**新世界でつくられた自由**だということです。新世界の自由が全世界に広がったということです。

日本ではちょうどこの時から、つまりグローバル化の始まりとともに平成の世が始まります。その平成が終わって令和に変わったときに、平成の三〇年間を振り返ると、その三〇年間は日本の中に起こっただけの出来事のような感じになります。ただ、こうした世界の潮流の中で捉え直すと、日本の社会に起こっていることの意味がもっとよく見えてくるはずです。この平成の三〇年というのを、いま話してきたような脈絡で、もう一度捉え返すとどうなるか。

ひと言で言えば、「失われた三〇年」ということになります。

平成の三〇年で失われたもの

平成の三〇年で何が失われたか。

冷戦終結によって、米ソ対立の拘束力で締め上げられていて表に出てこなかったこと、とくに世界戦争後に生まれた世界秩序の凍結が溶けました。

日本はここで、せっかく経済的に復興して国際的な影響力も強くなったのだから、冷戦後の世界での自立のために、しっかり考え直すことが必要でした。日米安保条約や戦後憲法体制をグローバル世界にどう調和させていくか、あるいは、グローバル秩序の中で、どういう位置どりをしていくのかを問い直すことが。冷戦の終わりはそのチャンスだったわけです。しかし結局、アメリカに頼って一蓮托生を選ぶことしかできなかった。

もちろん、多少は違う動きもありました。自民党政権が初めて崩壊するときです。一九九三年に、新しい政治構造を作っていこうという動きも出て、初めて政権交代が起きて細川政権ができました。けれども、そのときのモデルも「アメリカのような二大政党」だったし、五五年体制の対抗補完勢力だった社会党が、何を間違えてか、自民党を助けて復活させてしまう（それでも、多少の遺産は残しますが）。

ただ、自民党政権はこのグローバル化の中でどうしてよいかわからず、ずるずると対米従属を深めていきます。それに、基盤の経済界は企業としての生き残りをかけてグローバル経済適応に躍起になっていました。つまり新自由主義路線です。だから、アメリカが構造改革協議で要求するあらゆることを受け入れる。雇用の自由化というのも、反対を押し切れるように少しずつ進めていきます。労働者団体は国鉄民営化以来解体してあって、残りを再編した連合は結局のところ、企業サポートの組合です。だから企業中心の「雇用の自由化」は思うように進みます。

それを決定的にしたのが、小泉政権以来の派遣労働規制緩和で、竹中平蔵は、正規社員と非正規社員との格差があるなら、すべて非正規にすればいい、とまで主張します。非正規つまりアブノーマルをノーマルにせよということです。それで、経済システムの中での労働力対価（これが人件費と言われますが）が、徹底的に切り詰められて企業の「生産性」が高まるし、働き方も自由になるというのです。

イギリスが近代産業社会に入る時、実はこういう議論がありました。農村を追い出されて都市周辺に貧民が吹きだまる。それで「救貧法」といった救済の法律ができますが、近代化を支持するいわゆる自由主義者たち（いま崇められている当時の識者たちです）はこれに強く反対して、貧民を矯正するには飢えというムチしかないと主張していたのです。生来愚かで怠惰なために貧しい貧民たちは、甘やかすと社会に統合できない。飢えさせてやっとおとなしく働き始める。これが自由主義者の主張です。飢えで「自己責任」を教え込ませる、というわけですね。カール・ポランニーが『大転換』のモチーフにしたエピソードですが、それが現代に舞い戻っているわけです。

ここで労働・雇用のことを述べたのは、それがこの間の社会の変質とか崩壊を招いたいちばんの要因だからです。

抽象的な言い方になりますが、結局何が失われたかと言えば、冷戦で凍結されていて解凍された「状況の恵み」を全部失った。氷が溶けたことで、みんなが生活できるようになる可能性はあったわけですが、それが全部失われたということです。

あらゆるものを市場化する

平成期にアメリカに要求されてやったことに、司法改革というのもありました。自由化を進めて問題が起こったら裁判で処理するために弁護士を増やせというわけですね。アメリカは訴訟社会ですから。

しかし国際的な係争も増えるから正しく裁定できるように、というわけではありません。これは刑事裁判の話ですが、アメリカでは陪審制度があって、裁判も専門家だけに任せずに市民が参加します。これにはアメリカ社会の特性が関係しています。開拓時代からアメリカはいわばリンチ社会です。無法な風土で、みんなが集まって「あいつを吊るし上げろ」という。それを「まあ、まあ」と言って制度にしたのがアメリカの陪審制度です。

それに、裁判一般のことですけれど、争いに対処し、それを社会正義によって判断するというのではなく、考え方・見方も、商品。その価値は市場に決めさせる。そして弁護士の務めは正義を通すことではなく、雇い人の利益を最大限守るということです。

すると、係争でどちらが本当に正しいかとかは第一義ではありません。法の技術者が裁判というゲームの勝ちを導けばよいのです。訴訟社会とは、そういうふうに正義とか真理もゲームで、市場で決めて行けということです。いわゆる**社会的第三項**、つまり価値の**準拠**を排除するということでもありますが、これは「ポスト真実」と言われる状況の制度的支えにもなっています。

それを受け入れて、日本では法曹人を促成栽培するための法科大学院ができ、裁判員制度が始められました(ただ、これは日本社会の特質もあり、うまく機能しないようですが)。

さらに、アメリカの要求を受けてやった中でも、日本からも積極的にやったのは行政改革です。中でも中央省庁の改革というのは、高度成長期以来の省庁の仕組みなどがいわゆる制度疲労を起こしていて、新しい時代に対応できないというので、鳴り物入りでやります。これは本当に、自民党の古い政治体質と絡んで身動きできなくなっていたから、無駄のない形で、公正な行政が行われるためにも必要なことでした。

でもそのとき、改革の必要性を隠れ蓑にしながら、省庁権益を必死に守る形でしか再編は進みませんでした。

神道国家派の大攻勢

またその一方で、これからは「ふつうの国」として軍事的にも「国際貢献」できる国にしようという動きも出てきますが、それはアメリカへの従属を深めることになるし、今まで表立って軍事化を求めてこなかった、しかしそれを目論んで画策してきた勢力が表に出てくる呼び水になります。それが「戦後憲法は恥ずかしい」と言う人たちです。

そのせめぎ合いが頂点に達するのが一九九五年です。戦後五〇年ということで、当時自民・社会の連立内閣の首相だった村山富市の談話が出る。国会決議にはならなかったのですが、戦後五〇年の節目を迎えて、アジア諸国に対して「お詫びと遺憾の意」を日本政府が表明することになりました。

これによって自分たちが否定されたと思ったのが、戦前の日本は正しかったと主張する人たちです。だから危機感を募らせて、それ以後「日本会議」にまとまって活発な運動をするようになります。

また、その年に沖縄では、少女暴行事件が起こり、七二年の施政権返還、いわゆる沖縄の本土復帰以来、初めてかつ最大の米軍基地撤去を求める動きが起こりました。日本に復帰したはずなのに、「どうして米軍基地が居座って、そのための犠牲者を出し続けるのか」「日本政府は沖縄をどうするつもりか」と、怒り出したんです。

結局、それが現在の辺野古基地建設問題に繋がっていますが、沖縄戦のときの日本軍の記憶も呼び起こします。けれどもそれは、戦前の、大日本帝国は正しかったという考え方、あるいは神道国家が「美しい国」だという考え方を保持する勢力にとっては、大変な危機です。日本軍のやったこと、いろいろな汚点がいっぱい出てくるわけですから。

そして、戦後のアメリカ軍の傘の下で日本が安全保障を確保してきたといった矛盾が沖縄から噴き出してきたのです。だから村山談話あたりから、神道国家派の大攻勢が始まります。

これは戦略的にはうまかったと思いますが、最初から本丸である憲法改正に取り組むとか、旧大日本帝国の復興などを言ったら逆効果です。だからまず教科書を変えるという運動に取り組んだ。「新しい歴史教科書をつくる会」というのができて実際に歴史の教科書を作り、これを各地に採用させようとします。それまでも、教育がうまくいかないのは日教組のせいだと、あらゆる問題を日教組に押しつけて、学校の中では、政権批判や旧日本の批判を「政治的に偏っている」として抑えてきました。

それは「教育勅語」を復活したいと思っている、そして省庁再編のときも太政官制以来の文部という名を手放さなかった文部科学省の一部にある強い傾向でもあります。そして、子供たちに誇りを持たせるためとして、日本をことさらに美化した歴史教育をする。そうすると日本の将来を制することができますから。

これはその当時、世界的に台頭してきた動きでもあって、先にも述べたように、「歴史修正主義」です。それが日本でも起こります。とくに教育を通して、社会問題に触れるようなことを教師が言うと、政治的な発言は学校でするなと批判され、子供たちが言うと「偏った子供がいる」と、教育委員会で問題になったりする。大っぴらに修正的な歴史を学校で供給して、子供のときから無知・無批判に順応させることが公然と行われるようになります。これは「新しい歴史教科書をつくる会」がやりましたが、それを支えているのは「日本会議」で、全国津々浦々に草の根運動のような形を取って広げられました。

米軍と一体化する自衛隊

もう一つ加えておくと、日本は国際貢献をしっかりやらなくてはいけないと、少しずつ自衛隊の海外派兵を始めます。初めは国連PKOの形で。けれども実際に日本に軍事貢献を要求する「国際世界」というのは、何のことはないアメリカのことです。アメリカは全世界をコントロールしなければならないから、日本に肩代わりせよというわけですね。日本も自衛隊を増強していって、実質的に再軍備する動きが強くなります。

それが9・11でまた強化される。世界中で「アメリカを助ける」という雰囲気ができるし、「テロリスト」は日本をも標的にする（何でもアメリカに従う国ですから）から「テロ対策が必要だ」という話にもなる。

ただ、自衛隊が日本の国軍になるというよりも――それはアメリカが許さないでしょう――、米軍に一体化することでしか軍事化は進められません。そこで日米関係はいつしか「日米同盟」だということになり、その「同盟強化」の名のもとに、「有事」のときは自衛隊は米軍と一体化して動くことになり、その訓練も進められています。そして自衛隊自体がもはや政府や国会の下にある組織ではなく、幕僚が米軍の傘下で国民の知らないことを決めるという状況になっています。米軍はそれを傘下の地域部隊として扱っているから、自衛隊は日本の側から見ると独立化していくわけです。

つまり、米軍の一角として、日本にとっては三権分立の外にある軍部のようなものになっていく。最近の政権はそれを容認し、むしろ活用していこうとしているようです。何のためにか、ということですが。

グローバル化によって開けたこれまでと違った地平を、結局すべて、対米従属とそれによる経済自由化に流し込んでしまった。そしてそれが日本社会の崩壊を招いている。とくに、企業（法人）栄えて万骨枯れる、の状況です。

よく、バブル以降の失われた一〇年とか二〇年とか言われますが、景気が上向かないとか、デフレから脱却できないとかではなく、その背後にある冷戦後の無策による「失われた三〇年」だと言った方がいいでしょう。

それが、ちょうど冷戦後の三〇年に重なる「平成期」だったのです。

第5章　令和の日本と世界のこれから

1　西洋的世界の変質

少しスパンを広くとって、今何が世界の変動の軸になっているかを考えてみましょう。ひとことで言うと、西洋近代が世界にもたらしたものが音を立てて崩れていくフェーズに入っているのではないでしょうか。

西洋近代は、世界化した結果変質し、そのことへの反動が内部から出て、崩壊過程に入っています。その転機が二度の「世界戦争」でした。その戦争で、西洋世界はみずからが作ってきた、そしてその優位で世界を統合してきた諸価値を、西洋の他者たち（国内にも国外にもいます）とも共有せざるを得なくなったのです。

要するに、自由・平等・民主といった理念的・社会的価値を他者たちにも広げることで、その文明的正統性を保とうとした。その核心が「平等」ということです。ところがそれを我慢できない人びとがいた。それでは元来の「自由」が脅かされる、と。**自由と平等とはいまや両立しえない**と言うのです。

「自由」は西洋的なものであって、この「変質」した世界からそれを取り戻す、そういった動きが「普遍化」したその諸価値を分解しようとしている、そして相互承認すべき「差異」を、むしろ「差別」の力学へと転化してゆく傾向があります。

国、政治、経済

われわれは「近代」としか言わないけれども、それはもともと西洋が生み出した時代意識、それに伴う人びとの考え方や社会の構えであって、基本的に西洋近代です。それが世界に広められ、標準になって今日の世界の考え方、制度作り、あるいは関係調整のベースになっているのですね。いや、西洋以外にも近代化は進んでいた、と言われたりするのは、その近代を規範化してどこにでも当てはめているということです。

日本は明治以降、その態勢に身丈を合わせて国造り、社会編成をしてきた。その際の基本的な原理のひとつは民主制です。民主制とは、いわゆる民主主義よりも広くて、国はそこに住んでいる人間がベースでできていて、統治の根拠は民だという社会のあり方のことです。デモス（民）の国（ポリス）ということですね。

それ以前は王とか支配者がいて、それが国というより領土を支配する。そこにいる人間も王が支配するということでした。支配と統治は違います。支配というのは力の関係だけれども、統治というのはある地域をまとめて治めてゆくことです。どこでもそうですが、王があるところを支配すると、そこが地域的なユニットになります。支配が安定するためにはそこがうまく統治されなければならない。王は初めは暴力で支配するのですが（西洋国家の原型は征服王朝です）、次第に地域の統治が王の支配の根拠になってゆきます。

王の力は実質的に国に支えられますが、その国に富をもたらすのは、農民であれ商人であれ、統治下にある住民たちです。そうすると、王の支配は国に依拠する、国の富や繁栄は民に依拠する、ということになって、王は実質的にはその国の、まさに冠になってしまう。

一方、王の支配は初めは教会の権威を後ろ盾にしていました。しかし、支配が安定すると教会とは利害が対立するようになります。それで教会の権威に対して、王の権力が自立してくる。その権力の下にある国というまとまりが、かつてはポリスと呼ばれていました。だから支配や統治に関わる事柄、言いかえれば権力に関わる事柄は、ポリティクスと呼ばれるようになります。それが中世末期で、マキャベリが『君主論』を書いた頃ですね。そのポリティクスが日本では「政治」と訳されており、このあたりの変化が、実は、西洋の「政教分離」原則の元だと考えていいでしょう。

ついでに見ておけば、その下で人びとが生活して富を生み出し流通させる領域は、これも昔の言葉が次第に変質してエコノミーと呼ばれるようになります。ギリシアの昔は「家政」（オイコノミア）つまりひとつの家族的まとまりがどうやって生きていくかに関わる事柄だったのですが、それは民の間での関心事とみなされます。それが明治以降の日本語では「経済」と訳されてきたのですね。

日本では江戸時代は「経世済民」と言われて、儒教的な統治理念のひとつでしたが、それがヨーロッパでは「政治」と区別されるべき「私的な自由」に属する領域とされてきました。しかし実際には「経済」は統治の関心事でもあったので、それが最初に理論化されるときには、「政治経済学」だったのです。アダム・スミスの『国富論』も、実は政治経済学です。それがやがて、政治を振り払って「市場」に特化した経済学になります。

民主、平等、自由

さて、本筋に戻ると、ひとつの地域が統治単位としての国になって、その実質を成しているのは生活している人間だとなると、統治は民を主体にするべきではないか、ということになります。それが民主制のベースです。支配ではなく自治と言ってもいいでしょう。

そこで領民は国民とみなされ、その意思や利害が反映されるよう、統治（行政）は国家の機能とし、担当者は民意による選挙で選ぶとか、選ばれた者が恣意に走らないよう縛りを設ける（憲法を定める）とかの形になり、民主制を実質化するようになります。そのときに一般的な原則になるのが、基本的に人はみな平等に権利をもつということです。

さらに、みんな生活している、生きているかぎり平等だ、そのことが社会的に認められなければならないというのですが、それが個人の解放・自由と言われるものですね。ひとつは神の権威からの、そして封建的身分秩序からの解放です。

だから、この三つは、**民主、平等、自由**です。

それらが近代のもたらした政治（ポリス統治）の基本で、「社会」というのは、国とは違って、そういう人間同士の繫がり、結び合いのことを言うわけです。近代化で起こったのは、人間社会がこういうことを原理にするようになったということですね。

その変化は歴史的には、アメリカの独立革命やフランス革命に典型的に現れる。イギリスでもそういう変化が漸進的に起こってきた。そしてその後の政治や経済は、そういったことを原理として組み立てられる。とりわけ経済の領域は、その上に立って展開されます。王侯貴族への奉仕ではなく、誰もが自分のために自由に儲けられる。

経済活動は政治とどう区別されたかというと、政治が統治するのに対し、経済は、それからも自由になろうとするところです。だからこそやがて国境が邪魔になるとき、市場原理が絶対化されて、経済が政治（ポリスの事業）を呑み込むようになる。それがガバーンメント（政府）からガバナンス（経営統治）へと言われる事態です。

連携における自立

日本は西洋が広めるその世界秩序に明治以降入っていくのですが、そのときの第一の課題は、独立を維持することでした。つまり国際社会の中で自立してゆくこと。

ウェストファリア体制は、基本は相互承認です。相互の主権を認め合う体制ですから、まともに機能するとしたら、相互の存在が支えられなければならない。そこにも対等・自由の原則はあるのだけれど、その保障は結局のところ力の論理に委ねられています。弱肉強食を相互牽制する体制だったのですね。

だから、西洋諸国は、相互間では民主、平等、自由という原則を保つけれども、その外には力の原理で対応します。そして、その力を支えたのが科学技術あるいは産業技術でした。それとキリスト教由来の普遍主義というものがありました。

ただ、「新しい西洋」のアメリカは少し違って、アメリカ自体はその「外」がないことにして成立した。「古い」ヨーロッパは他所の地を制圧して帝国をつくっていくけれど、アメリカは、それからの解放を名目にして、解放（自由化）されたところを「アメリカ」にしてゆく。つまり自分たちの「自由」のルールを適用していく。そうすると市場に組み込めるので、アメリカの影響圏になるというようにしました。

そこで後発の国、日本やドイツとは軋轢が生じて、世界戦争になります。

世界戦争を経て（いつも言うように、このプロセスは第一次大戦後から始まります）、西洋の人びとは「これじゃまずい」と気がついた。外に対して征服、自己強化と支配という関係では結局二極分解で潰し合いになる。システムが世界化してそれがあらゆる国々のシステムになるのなら、国々も人びとも相互連携して、社会の民主、平等、自由をそれぞれの社会にも広めてゆかないと、システム全体が破綻する。世界は飽和したのだ、と。

ということで、連携としての自立、連携における自立というふうに変えていくのが、世界戦争を経た世界に残された方向性だということになったわけですね。

そこで、国際連合をつくって、原則的には国家間の戦争を禁止にした。そしてそれぞれの国が自立を外への攻撃性の形で出していくことを避けるために、それぞれの国で人びとの生きる権利を保障するのを統治の原則とする。社会を考えるときに、産業化がデフォルトになっていますから、その社会に人びとが統合される入口は雇用です。それを労働の権利と言いますが、社会に参加する権利だから、その他の生きるための保障と合わせて社会権とも言うわけです。それがあれば誰も奴隷にならずにすむ。

けれども、戦争の災厄からの出口とされたそんな方向性は、戦後の世界では、冷戦状況で凍結されてゆきます。冷戦状況とは、国家間戦争の過剰形態のようなもので、両陣営に分かれてにらみ合い、破滅の脅しですくませ合うという状況です。

ある意味では、それは悪くなかった。なぜかというと、暗い外部を作ることによって、鏡に映ったように自分の姿が見える。そうすると「これじゃまずい」と自己修正が効く。

ところが、その冷戦が終わる。冷戦が世界を二分していたその壁がなくなると、本来なら戦後のベースがそのまま戻って来ていいはずだけれど、そうはいかなかった。

「テロリスト」の発明

四〇年間「恐怖」で凍結されていたものは変質してしまっていたということです。

グローバル化した世界がどうなるかというときに、ひとり勝ちしたアメリカは、その利点を生かした。つまり経済力と軍事力です。そして冷戦時の優位を世界化して、なおかつそれを永続化しようとした。これは別に勘ぐって言っているわけではなく、9・11以後よく知られるようになったアメリカの右派系シンクタンク「アメリカ新世紀プロジェクト」のステートメントにはっきり書いてあることです。

アメリカがそういう世界的優位を恒常化するためには、圧倒的軍事力を生かして、冷戦に代わる戦争レジームを作り出すことが好都合だった。

それが「**テロ**（恐怖！）**との戦争**」です。もちろんこの戦争はときどき火を噴きますが、基本的にはバーチャルな戦争体制です。そして世界を「テロの脅威」という「緊急事態」下において、社会に恒常的なセキュリティ体制を敷くことになります。

「見えない敵」テロリストから社会を守るためというわけですが、その「テロリスト」は、この世界に存在を許されない「人類の敵」「文明の敵」とされています。だからともかく抹殺するしかない。実際、「テロリスト」とみなされて、見つかればすぐに殺されます。殺していいわけです。ということは、存在すること自体が許されない、生きる権利のない、殺すことが当たり前であるような存在です。

そこで気付くのは、「へー、人権のない、殺してもいい人間というのが現れたんだ」ということです。いや、それは人間ではない「非人間」だから殺してもいいという。つまりこの戦争レジームは、殺してもいい人間、人権・生存権のない人間という新しいカテゴリーを作ったのだということです。

これは「戦後」世界の大原則に風穴を開けるという意味をもっています。基本的人権は普遍的で、誰にでも適用されるはずだった。アウシュヴィッツのように人種差別によって大量虐殺が起こらないように、誰もがまず生きる権利があると認めなければならない、というはずだった。

ところが、これは国家の自由な活動を制約する。つまり、人権は、権力から一人ひとりの生身の存在を守る観念でもあります。だからそれが権力の恣意に歯止めをかけ、逆に義務を課していたのですが、力で世界を統治したいアメリカは、その制約の留め金を外すのに成功したのです。それが「テロリスト」という概念のもつ歴史的意義です。

「奴ら」（アメリカの政治指導者たちはそういう言い方をしました）はどこにいるかわからないから、国家が日々社会を監視する。それが「テロ」を予防する「安全《セキュリティ》」のためだと。すると、警察権力がすべてを掌握することになる。世界レベルでそうなります。たしかに、ある意味ではだれもが平等なんだけど、各人の自立は権力に預けられることになりました。ついでながら、「ウイルス」という「見えない敵」に対しても、ＩＴ技術で同じようなことが更新されてゆくでしょう。

では、人びとはそれをどう意識しているのか？

アメリカでは、すぐに受け入れられました。他国に対してはもちろん、国内の「見えない敵」が日常生活のなかでも警戒されます。「見えない敵」は、科学が明らかにするとされる人種の遺伝子的違いなどと重ねられます。だからそれは「文明」にとっての「野蛮」であって、その境界線は国内・国外を問わず警戒される。こうして、否定されてきた人種主義が新たな支えを得ました。トランプのような大統領が登場したのは、そのようなコンテクストとも関係しているはずです。

そして、それはアメリカだけではありません。ヨーロッパには、ＥＵの問題と移民の問題があります。すると、「自分たちはフランス人だ」という人に、フランス人意識を喚起する形で、フランス・ファーストの勢力がだんだん力を伸ばして、顕在化してきました。

フランスとアメリカの歴史否認

トランプが「われわれは割を食っていた」というときの「われわれ」というのは、西部開拓時代、あるいはそれ以前にも、「自由」の国を切り開いてきた白人でした。

先住民はなぎ倒して一掃し、黒人を動産として持ち込んで、この「自由」の国をつくったのは誰かというと、ヨーロッパ白人です。

アメリカの場合はそうですが、ヨーロッパの場合、とくに西側先進国は植民地帝国でした。植民地を持つことで富を集めて繁栄してきたのですね。その富はフランスやイギリスの労働者の社会保障の原資にもなっていました。最近まで盛んに行われていた鉄道労働者のストライキがありますが、この間の雇用・労働改革でたしかに彼らの権利は脅かされている。けれども、五〇歳で定年してから手厚い年金で悠々自適の暮らしができる、などというのは植民地があったからでしょう。

他の国から見ると、「何でフランスでは鉄道労働者がそんな年金もらえるの？　鉄道は国家事業だから大事にされたのはわかるけど、あれだけの植民地がなかったら、フランスの産業構造は維持ができないよね」と思う。ある意味では、その上にあぐらをかいて労働者の権利云々と言っていたら、それが人権思想か、という話にもなる。だから、私などは多少は冷たく見るんですけど、ヨーロッパの先進国はそうなんです。

そして彼らの利害は、旧植民地からの移民労働者によっても脅かされる。そこで、多くの労働者層が、移民政策を批判する国民戦線に流れることになります。もちろん今でも労働組合はそれなりに力があって、労働者保護をやっているけれど、そういう歴史的事情は社会のなかで忘れられてくる、あるいはそれぞれの人がそんな余裕もなくなると、不安や警戒の矛先が移民労働者に向かうことになる。

だから「フランスは我らのもの」と言うと、人びとが大勢集まってくる。結局それは、植民地統治によって繁栄していた歴史に蓋をするという意味で、ネガショニズムというか、歴史否認をもとにしているわけです。そのことを意識する人たちは、自分たちの権利の確保を、他者の排除によってではなく、むしろ連帯によって追求しようとします。

アメリカの場合は、アメリカが世界一になって素晴らしい国だとみなされ、それでアメリカの統治が全世界で受け入れられたのは、自由の理念があるからです。

けれども最近は、戦後初めて世界規範になって、国内でもその規範化がはかられてきた自由というものを否認して、自分たちの自由はアメリカ草創以来の自由だと言っている。

その西部開拓が実際にはどんな出来事だったのかという事実を、まさに神話的なフェイクで置き換えるという意味で、これもあからさまな歴史否認です。

そのアメリカ草創期の象徴的なエピソードを思い起こしておきましょう。

まず、ハドソン川を使ってビーバーなどの毛皮が上流から送られてくる。次には木材ですね。そして河口近くに取引所ができて、そこに取引や権利関係の仕事をする法業務のセンターができます。

そのうちそこは、金融と法曹の中心地になる。そしてそこで、国家に組み入れられた土地が不動産として登記され、書類上で取引されるようになるわけです。司法書士が登記をし、それを決裁するのは弁護士です。その弁護士に仕事を持ち込むのが、摑んだ土地を不動産にする不動産業者ですから、自由の国アメリカの基盤をつくってきたのは不動産屋だと言ってもいい。

先住民が住んでいたところを白人の所有物にする。それを登記簿上の財産として売り買いして儲けるのが、不動産屋です。だから、「古いアメリカ」が回帰台頭するときに、「アメリカ・ファースト」を掲げて登場した大統領が、これまで「帝国」の政治に全然関与していない不動産屋のトランプだったというのは、まったく辻褄の合う話です。

ついでに言うと、フランスの「ポスト・モダン」の哲学者などというのは、所詮「モダンの先へ」ですから、そのあたりのことがまったく見えていません。だからハーマン・メルヴィルが書いた『代書人バートルビー』を、受動性の積極性とか、中性的だとか言いますが、あれは英語を身につけてしまい、同化して生きるしかない先住民の生の衰退消滅を描いたものなのです（これも『アメリカ　異形の制度空間』を参照してください）。

日本でも民主主義が要らなくなっている

そういうことが今、世界的に起こっている。

日本でも、アジア太平洋戦争での国家破綻をくぐり抜け生き延びてきた旧支配層の末裔が、その破綻、失敗とか、そのときに国民に嘗めさせた艱難辛苦を全部覆い隠して、「美しい国」という幻想を振りまく。

そういうネガショニストたちが殿さま選挙によって政治家になっている。彼らは家筋で選ばれ、それを旗頭に担ぐ勢力があって、それが長い政権担当で慣習的支持をもつ自民党の主流となり、それがまた財界と結んで、自民党は高い支持率を維持している。そういう一部の勢力が日本の政治を担って、国と権力を私物化しているわけです。

日本の実情では、選挙に行かない人たちが半分近くいるとして、その人たちは政治に関心がない。というより、自分たちの生活に政治が関わっているとは思っていない。あるいは日々の生活だけでそんなことを考える余裕がない。「選挙？　そんなの知らない」ということですね。

それは、敗戦で「教育勅語」を否定され、一時の民主主義教育の時代を潜って、その後ひたすら「政治に関わらないこと」を学校教育の柱としてきた、文部省・文部科学行政の大いなる「成果」でしょう。国の政治が自分たちの社会生活を規定しており、だからこそ政治に関わらなければいけないし、それが主権者としての権利でもあり務めでもあることは、教育を通じて教えなければなりません。それを、戦後しばらくを除いて、日本の公教育はひたすら排除してきました。

その結果の「政治離れ」です。そしていまや日本の政府（自民・公明政権）は、選挙のたびに投票率が低くなることを期待する始末です。

選挙に行かない人が五〇％いるとして、その残りの相当数は、日本は自民党政権でやってきた、野党は批判するだけで何もできない（政権がないから当たり前なのですが）と言い、政権が替わることに初めからネガティブで、とにかく自民党という人たちが多い。

その人たちは、たった一回起こった政権交代でも、それを災難のように受け止めます。メディアの基調さえそうです。だから、「日本を取り戻した」安倍首相が「悪夢のような民主党政権」と批判すると、その感情はそのまま自民党支持を固めることになります。そういう人たちを糾合して、かつての神道国家の栄華を取り戻そうとする勢力が、とにかく憲法改正をと目論んで、安倍首相をなんとしてでも守るというコアな支持層を作ってきました。そしてその「継承」が求められる。

そういう人たちは、お上に任せておけばうまくやってくれるとか、文句を言う連中をしっかり抑えて強力に支配してくれる政権がいい、と言っているようなものです。それが安心だし、おこぼれもあって心地がよいと。

それはひどい、国民が主の政治をせよと要求する人たちは、せいぜい二〇%ぐらいかもしれません。残りの大多数の人は、「民主主義？　そんなもの知らんよ」ということです。そうでなければ、権力を私物化して、官僚機構・統治機構を私権の蟻塚のようにしてしまい、その一方で国の財産（社会環境＝雇用、農業、自然環境）を市場に売り出して外国資本の草刈り場にするような政権が、七年半も長続きするはずがないでしょう。

そうすると、**この国でも民主主義が要らなくなっている。あるいは、人権やら平等やらを、みんなもうあまり求めていないんじゃないか**と思ってしまいます。

戦後、やっと新しい憲法のもとに、これが社会の原則だとして日本で確立されたはずの、そしてしだいに身についてきたはずの、そうした価値（これが日本が世界と共有すると政府が謳っている「西洋的価値」のはずです）が、逆に「戦後レジーム」として排除され、その挙げ句に、まともな権利要求を迷惑がる今のような状態になっているとするなら、ひょっとすると、日本ではみんな民主主義とか平等とかに疲れて、あるいは飽きて、どうでもよくなっているのではないか、と。

政治なんて「お上がやってくれりゃあいい」「文句を言う方がわがままだ」とか、自分で責任なんか担うより、「偉い人」に取り入っておこぼれをもらっていれば、ずっと楽だし簡単、という身分制社会への滑りゆきのような事態が、起こっていると言わざるをえないのではないでしょうか。

フランス革命とは何だったのか

トランプが予想に反して大統領に選ばれたということは、やはりアメリカでも、平等と多様性なんて、もともとダメな連中の偽善的なお題目で、そんなものに付き合っているからアメリカは衰退したんだ、と思う人たちが広く存在していたということです。

エスタブリッシュメントと言われる統治層は、はじめはトランプを嫌がっていたけれど、もうこのスタンスでアメリカはいけるじゃないか、と思っている部分もあるのではないか。体裁を繕わないから中国を強引な手法でいじめて、世界でアメリカの優位を確保しようとしているし、これでやってくれるならそれでいいのではないか、と。ＳＮＳを使ったデマや対立候補攻撃でトランプを当選させたと言われている、スティーブン・バノンという人物がいますが、彼はその後、ヨーロッパに拠点を移して、ヨーロッパ議会選挙をターゲットに同じような工作をしていると言われます。

ヨーロッパでも、国によってはもう極右政党の政権がいくつかできています。そうすると、やっぱり「平等なんてきれい事を言うな」というような気配が強まっている。移民を排除して、自分たちの利益を守れ、というわけですね。結局それは、経済社会問題の外皮を被った人種差別感情です。

となると、長期の目で見たときに、フランス革命とは何だったのか。

実は、フランス革命後二〇〇年の頃から、革命の問い直しの動きが出てきました。もちろんフランス革命には、国民を解放して自由、平等、博愛を社会の原理として掲げ、フランスは近代国家になったというストーリーがある。

その一方で、たとえば、今のナントとかブルターニュ地方では、領主と領民との関係が中央ほど悪くなかったところに、革命政府ができて、徴兵制を敷くとか、中央集権化するとかの通達が来ると、「何言ってんだ」という反応になります。「俺たちの畑業はどうなるんだ」「今まで領主と仲良くやってきたのに」というので、中央に従わない地域があったんです。革命政府はそこに軍隊を送って、大勢の犠牲者を出しました。その数二〇万とも言われる。そんなことが、ここ四〇年ぐらいで研究されるようになる。だから革命の神話を再検討しなければ、ということですね。

　またナントの辺りは、第二次大戦のときにドイツ軍が侵攻して、南には対独協力政府ができるけど、そこはナチス・ドイツに完全に占領されます。それで住民を五〇人連れてきて、レジスタンスの居場所を教えろとか、誰がレジスタンスか教えろ、そうしないと無差別に一人ずつ殺すとか威嚇して、とうとう五〇人が皆殺されました。

　ところが、戦争末期になると、アメリカ軍の砲撃と空襲で住民が何千人と犠牲になります。けれどもそのことは、アメリカ軍がフランスを解放したために言わないお約束になっている。そういうことも、ここ三〇年ぐらいで、やっと言えるようになったわけです。

2　ポイント・オブ・ノーリターン

「身分制の方がいいんじゃないか」

　ともかく、歴史のどの時期にも、ある種の神話化があります。けれども、基本路線として先ほども言ったように、そういう神話は剝がして、事実上こうだったということで、逆に、民主制、人間の自由や平等の制度だとかをどう考えるかを問い直すのは必要だけれども、フランス革命は神話だと言って、フランス革命の成果の根本をネガティブに捉える傾向というのが、この二〇〇周年記念のころから出てきました。

ある意味では、権力の振る舞いの再検証が、歴史修正と繋がって受け止められていて、フランス社会の中でも、「身分制の方がじつは理に適っていたんじゃないか」といった雰囲気も出てきている。それが拡張されると、植民地の人間を、自分たちと同じだと扱うのはおかしいだろうと考えるようになる。

フランス国民は政治的主体としてはcitoyen（市民）と言いますが、植民地の人間はsujetと言います。sujetは主体でもあると同時に、「臣従民」「僕従」という意味もあります。

このことを事実上正当化するのが、現在の経済システムです。自由競争が最も活発な市場を生むということで、経済的な格差や階層化が急速に進んできていて、その階層化は人種格差とも重なっている。この階層化は意図的に進められているというよりも、経済システムが「自由化」されることによって、事実上生み出されるものです。そして今ではどの国でも、統治者たちはこの路線の上を進んでいる。

その結果、世界全体として、近代が人間世界にもたらした様々な価値、それをもとに作られていた法的政治的制度をなし崩しに解消していくような動きになっているのです。

自由の濁流のなかに溺れている

私は、この近代の原理が現在までの世界化に繋がる以上、歴史の中の**ポイント・オブ・ノーリターン**、逆戻りしてはいけない土俵の俵のようなものだと考えています。

グローバル化しないんだったら別ですが、グローバル世界ではポイント・オブ・ノーリターンだと考えています。そうでないと人類世界は破綻するでしょう。血の海に沈むとは言いませんが。

けれども、この土俵は拘束ないし束縛、あるいは不正だから、そんなものは取っ払ってもっと自由勝手にやらせろと言ったら、もはやゲームが成り立たない、実質的には多くの人たちが土俵から蹴落とされる、あるいは単に締め出される、そうなりかねない世界に私たちは生きていると思います。

このことに関しては、二段階が考えられます。

最初の段階がおよそ二〇〇年前、フランス革命の頃です。産業革命も起こって、人間の平等化の社会的条件ができた。けれども、それが産業文明圏だけに自足しており、その内外に他者を作っていたので、それは一度破綻してしまいます。

図式的に言えば、国民国家単位で、経済もナショナルな形でやってきて、自立、民主、平等が、外部に対する攻撃性として機能していたわけです。そのシステムが世界戦争という形で破綻して、その経験から再度の破綻を堰き止める体制が作られた。それが世界の「戦後レジーム」です。

　ところがそのレジームは冷戦によって凍結され、冷戦後に解凍されることになったけれども、すでにそこでは状況が変わっていた。

　それはアメリカの単独覇権です。そのことが「自由のレジーム」として剝き出しになったわけですが、その結果、戦後獲得されたそれぞれの分有された自由は、事実上解消される事態に至った。なぜかと言うと、アメリカの自由は無制約の自由ですが、それは初めから私的所有に基づく経済的自由として制度化されたため、個々の生存に結びついた自由は、権利ともども商品として一元化された市場に投げ込まれたのです。

　それで解放や保護としての意味を失い、あるかないか分からなくなってしまった。その分有された自由を基盤に人びとが結びついていたはずの社会も、そんなものはないと言われて、**分断された人間たちが市場の自由の濁流のなかに溺れている**。そんな状況になってしまいました。

　その結果、民主主義は、もはや人びとを守るのに十分ではないし、そのために努力しても報われない。というわけで、多くの人はもう自由や民主主義に飽きている、疲れているんじゃないか？　ということです。そしてさらなる自由を求める人たちは、自由と民主制とは両立しないということを公然と主張するようになりました。

自由を考え直すこと

では、この先はどうなってゆくか。

今、そんな展望がどんどん現実化しつつあるから、将来を考えると憂鬱になります。しかし、この先をどうするかをやはり考えないわけにはいきません。そのためには、この俵をとにかくきちっと踏みしめ直すということと、これがポイント・オブ・ノーリターンであることをみんなが確認すること。そして、そのときに重要になるのが、**自由というものを考え直すこと**です。

今の自由は、「新自由」に全て塗り替えられている。そうすると、あらゆる制約がいっしょくたに踏み倒されてしまうから、強者の自由が野放しになるわけです。

最初の出発点だったウェストファリア体制は、相互承認体制であることが肝心で、一元的な世界帝国ができるのはダメだと思ったら、ポリティクスで立つ単位が複合的にあって、それの相互承認関係がひとつひとつの国の自立、オートノミーを保障して、そこから一人ひとりの人間のオートノミーも保障されるということになる。だから、各人の自立が保障され、人は皆平等というのが実質化するわけです。そこにはポリティクスが要る。

ところが、「新自由」は経済的原理だからと言って、そのポリティクスを呑み込んで流してしまいます。その自由には相互承認の契機がない。あるいは拒む。他者のいない、他者を無化する自由ですね。そういう自由というのを、根本的に考え直さなくてはいけない。

自由には本当は限界があるんです。限界があるというよりも、**自由とは限界との関係**です。牢に入れられている人間が「解放しろ」というのが自由の基本。牢屋から出たはいいけれど歩道を歩かなくてはいけないとか、ものを手に入れるにはお金を払わなくちゃいけないとか、限界があって不自由するわけです。

自由とは基本的にそういうものだけれど、アメリカは他者を抹消することを「自由」の基盤としてできた世界ですから、それを否定できない。その自由には際限がない。物質的にも文明的にも進んで、あらゆる障害は取り払わなくてはならないと、あらかじめ限界や障害を何でも落とす。**自由の底が抜けている**ということです。

個人のレベルから国家のレベルまで、対他関係というのを何層にも組み込んだものが、「人間の自由」というものだと思います。それが無視されると、「近代って、いったい何だったの？」というようなことになってくるでしょう。

暗い結論と大変な仕事が残っていますが、明るい未来は、その先にしかないと思います。

全能ではないことがベース

一人ひとりの人間は死にます。不死の夢というのは昔からあるけれど、いまではそれが技術的に可能だというような、全能感があるようです。

しかし、それでも一人の人間は死ぬし、能力にも限りがある。それを認めないところから、あるいはその限界から抜け出るという夢想が、技術革新をベースにした巨万の富の蓄積を生み出しているのでしょう。

それでも生命とは一個の限りあるものです。だからこそ、世代の継承もあるし、横の繋がりもある。自由とは、その関係に支えられる場にしかありません。人は全能ではないからこそ、その限定のなかで自由を求めるのです。ところが、テクノ・サイエンス・エコノミーの統御する（それをサイバネティクスと言うわけですが）世界がそれを見失わせ、全能の夢想を生み出す。

「**他があって、自分がある**」、それが個々の人間の存在の条件です。そういうことをベースに自由も考えないと、結局は全能感で、他者否定になる。それは自由ではなく妄想、つまりは狂気です。自由というのは、他があってこそ、初めて意味を持つわけです。

もう少し社会的に、より具体的に言えば、要素としては、技術の問題がどうしても出てくる。今の自由をベースにして技術をやっていると、何でもできます。あらゆるものがデジタル化されて、全ての壁、限界を取っ払い、AIの能力が人間を遥かに超えていくとも考えられています。技術的にあらゆることが可能だから、食品も全て技術でつくれば間に合うという話にもなる。そこで前提になっているのが、自由の限界のなさです。

すべての根底にあるのは、だからその自由という概念の見直しです。そのこと自体は抽象的に思えるけれど、それを現実の社会関係や技術の問題に落としてくると、「これはまずい」という考えは出てくると思うんです。

アメリカ的な所有権を重視したような自由を突き進めていくと、いつかはそのフロンティアは無くなって、開拓するところもなくなる。経済成長が今、もう行き詰まっているというのは、フロンティアがなくなってきているということです。

人間の生存空間、生存領域は、成層圏の中です。感覚器官にしても知的能力にしても、その成層圏の中に生きるのに最も適合してできています。それが限界で飽和してきたら、こんどは新しい次元を開発しようとする。

それがバーチャル次元です。バーチャル次元は、無限です。限界がない。それが技術的につくられると、人間の生存の条件そのものを脅かしていきます。この開発路線は、それが人間の生存条件そのものを脅かすということには無頓着というか、それを見ないようにバーチャル化している。それがフェイクですね。だから完全に袋小路に入っている。

こんなふうに、直感的に「これはおかしいな」と思っていても、それをどう言っていけばよいのか。それは本当に今の哲学の一番重要な、大事なところだと思います。

人間が不可能になる

自由を考え直さないと、最終的に人間は自分の作り出す災厄のなかに崩れ落ちる。

ノーバート・ウィーナーの「サイバネティクス」を紹介した本のタイトルは、「人間の人間的使用」となっています。『The Human Use of Human Beings』。これはたいへんパラドキシカルなタイトルです。

ウィーナーはこのパラドックスについて自覚的です。だからその後、サイバネティクスに関わってＡＩなどに進む連中とは袂を分かちますが、そのウィーナーによれば、人間の文明が一気に加速度的に進行したのは、わずかここ四〇〇年のことにすぎないということに注意を促しています。

加速度的な進行は時を短縮します。だから遠からず限界が来るのですが、それも受け入れたうえでないと、この道を進めない、と言っているわけです。

つまり、こういうことです。

人間の滅亡というのは、「人間である」と私たちが了解しているような存在がもはや不可能になるということです。アメリカの科学者たちはそれを、むしろ歓迎しているようです。世界を改造改良する、それが彼らの「使命」だし、実際そういうテクノロジーだけに資金が集まりますから。

シンギュラリティを超えて、ポスト・ヒューマンと言う。しかし、たとえシンギュラリティが妄想だとしても、同じことです。それは、もはや人権とか尊厳などという人間は要らない、「もはや人間は時代遅れになる」、ということです。別に世界戦争が起こって破滅するという話ではない。

ガガーリンが初めて宇宙を飛んで、「地球は青かった」と伝えました。そのニュースに接して、ハイデガーはある新聞のインタビューに答えて、深い喪失感を表明しました。「ついに人間は大地を失った」と。根を失う過程が決定的になったと言ったのです。

それに対してレヴィナスは、「これで人間は自由になった」と答えたそうです。

レヴィナスは『困難な自由』という本を出しているけれども、その「自由」というのは、根本ではユダヤ人の解放です。宇宙の虚空に漂うガガーリンは、ついに人間が「大地」から解放されて生きる様を見せた。それが人間の未来だということを、科学文明は証明したというので、レヴィナスはそれがむしろハイデガーを絶望させたから喜んだわけです。

しかし、ハイデガーが言ったことを、非ハイデガー的に受け取ると、人間は生き物か、それとも機械かと問うたときに、人間は機械ではないと、ある限定された時空に生まれてきて死んでいくんだと、それが見失われたということなのでしょう。そのことをハイデガーは故郷を失う、根を失うと表現した。

これは、人間が生き死にするものだ、有限なものだということです。その生き死にが見失われるとき、それが解放すなわち自由だとみなされるとき、世界は「ポスト・ヒューマン」の段階に入るのです。

けれども、生き死にするから、人はものを考える。それ以外は、計算機でいいでしょう。そして、計算機というのは、ライプニッツ以降の形而上学の延長にある。だから、私はこういうことを考えるようになってから、もう形而上学には付き合えないと考えるようになって、存在の思考ではなく、生き死にする人間としてものを考える。それは**人間学、アンソロポロジー**でしかありえないと思うようになったのです。

いますでに、システムによって周辺に吹き飛ばされた人びとが、民主主義に飽きたり、社会に興味を持てなくなったりしている。彼らはどうすればいいのだろうか。投票しない人が五〇％もいる。その人たちは、こういうことを考えないでしょう。自分と世界との関係を内部観察して、対象化するようなことをしません。

それが私たちの役目だと思っています。そういう人たちが日々あくせくして、そんなことなんか考えていられないところで、望まれても望まれなくても私たちはものを考える。ただしそれは近代の「啓蒙」ではない。万古不易の人間の考えるという営みです。

そしてそれが多くの人の考えになって、少なくともいま問答無用で進んでいる濁流に堰を立てる。この「無思考化」の流れのなかに生きた思考を些《いささ》かでも埋め込む。

それが務めだと思っています。

3　新型コロナ禍とパニック

本書の仕上げにかかるころから、新たな「疫病禍」が世界中に広がり、日本でも大きな問題になりました。それはまだまだ終わっていないし、ひょっとすると世界の基本状況や日本の生活状況をも変えるかもしれません。

いずれにせよ、現代の行政と科学の関与、そして社会組織のありように変化をもたらしています。だから、この件に関する暫定的な見解を述べて、本書のまとめとします。

経済活動の首を絞める

一月に中国・武漢市で劇的な都市封鎖が行われ、三月に入るとヨーロッパ各国での感染拡大が伝えられ、多くの国は非常事態を宣言し、アメリカでも（アメリカは合州国だから各州で対応が違います）非常事態宣言が相次ぎ、世界の経済はストップしてしまいました。

そのため、このコロナ禍が世界に大きな変化をもたらすとか、コロナ禍のあと、世界はまったく違ったものになるだろうとか言われ（そんな世界の著名人たちの予想が大々的に取り上げられ)、日本でもたいへんな騒ぎになりました。

原因はわかっています。すぐにこの新型ウイルスのゲノム配列は解読され、全世界に共有されました。これは近年の医療テクノロジーと国際化の成果ですね。一〇〇年前のスペイン風邪のときは、戦争中で各国が情報を隠し合ったため、感染は世界に広がり、戦争(第一次大戦)以上の死者を出すことになりました。

今回は、グローバル化が進んでいたからそれはなかったのですが(ただ、他の理由から中国を排除しようとする勢力は、中国の「情報隠蔽」を非難していますが)、逆にそのグローバル化による人や物の動きが、不可避的に感染を世界に広げることになりました。

ところが、どんなに医療テクノロジーが進んでも、ワクチン開発までは、歴史上の大きな疫病と同じように、感染路を遮断して人と社会を守るほかない。だから、国境や、地域や、職場や、あらゆる場面での障壁を立て直して、接触の機会を断つ。

しかしそれは、今の世界が動いている経済システム、そこで人が暮らしている社会システムをストップさせることになります。いわば、国際社会という大きな体の動脈を閉じて血流を止めなければなりません。ところがそれでは、いわゆる経済活動そのものの首を絞めることになるし、そこで生きている人びと——まさにウイルス感染から守らなければならない人びと——を窒息させることになります。失業、貧困、というわけです。

命か経済かの選択？

今回の新型ウイルスが世界に未曾有の混乱を引き起こしたのはそのためでしょう。人びとを感染から守るためには、人びとが依存している経済活動を止めなければならない。「命か経済か」の二者択一のジレンマに世界の政府や社会が投げ込まれたわけです。

中国は強力な行政力を発揮して、ドラスティックな手法で感染を一部（武漢地域）に抑え込み、制限つきながらいち早く経済活動を再開しました。台湾や韓国も同じようにします（両方とも、いつも緊張下にある国です）。ＥＵ諸国は新型ウイルスをはじめはたぶん侮っていましたが、「緊急事態」を布告して社会統制の対策をとります。

しかしこのとき、「緊急事態宣言」の性格が問われました。それが行政権限拡大のために出されるのか、あるいは社会の方から行政府への対処救済要請として求められるのかということです。もともとそれは両義的ですが、政府の姿勢によって違ってきます。

フランスでは、行政府の統制という側面が強く出ました。だから、マクロン政権への批判はあいかわらず根強いものがあります。しかし市民の方はそれに従うというより、むしろ市民レベルでの連帯によってそれを補わざるをえない、という状況になります。

それに対してドイツでは、メルケル首相が市民への連帯と共感の姿勢を示したため、市民のあいだに政府に対する基本的な信頼感が生まれ、その信頼が政府の強制措置への協力を生み出してゆきます。いずれにしてもジレンマですから。

極端な例はブラジルです。経済活動が大事だから、それを止めるようなことはしない、政府の役割は経済、感染対策は自分でやれ（自己責任）という姿勢ですね。そうなると事実上、生活環境の厳しい貧困層に感染が広がり、その人たちは衛生や医療にアクセスできないので、はっきり言って社会は「清潔に」淘汰されることになるでしょう。それが新自由主義のモットーです。事実上の社会進化論ですね。コロナ禍は新たな「淘汰」の機会になって、ブラジル経済は一段と強くなるということでしょう。

アメリカのトランプ大統領もそれと近いようです。早く経済を回し始めないとズルい中国に出し抜かれてしまう。経済を回さなければアメリカ人（誰のことでしょう）は困るではないか、というので、社会を救わなければと言うニューヨーク市長などと対立します。「社会」などというものはない、そんなことを言って貧民を救うというのは社会主義だ、アカだ、とでも言いたいのでしょう。

ついでに言っておけば、「免疫」の考えはかならず人種主義を刺激します。人体は異物を排除して自己の統合を保つ、というメカニズムですから。だから、この時期にアメリカでは、警察官による黒人男性の圧殺事件を契機として、大規模な人種差別告発の運動が起きています。それがトランプ大統領の反応でますます刺激される。これが偶然ではないことは、これまでの記述でおわかりでしょう。

言うまでもなく、日本でのその類同物は「在日差別」です。「内部に入ってきた敵」を排除する。ちなみに、免疫（イミュニティ）、この医学用語はもともと、法律用語を借りたものです。

日本の「緊急事態」

日本はといえば、「緊急事態」を宣言する前に、事実上そうなっていました。

「緊急事態」というのは、近代法制では、通常の法体系が行政権限を枠づけていますが、緊急時だから一時的に通常でない権限を与えるために宣言する、ということになっています。ところが、日本では、安倍政権が発足時から、権力行使を制約するさまざまな仕組みをつぎからつぎへと解除して、とうとう検察権限まで手中に収めようとして、制約のない状態を作り出していました。公明党との選挙協力で議会の圧倒的多数を確保していて、どんな法律を作ろうと通せることになっていますから。

それに、緊急事態宣言など出さなくても、首相が「来週から学校休校」と言えば、文科省はあわてて動き出し、学校現場や父兄たちもあわてて対応するような国です。もちろん首相の責任は問われない。そして、「国民に自粛を要請」とか言われると、それを無責任・無根拠な押しつけだとは思いもせずに、「粛々」と「自粛」にいそしみ、ご丁寧にもボランティア(?)でそれを見張る「自粛警察」まで出てくる世の中、そしてあらゆるメディアも識者たちもなんの疑念もなく「自粛、自粛」と合唱するような国です。

行政権力が「自粛を要請する」と言うのは、君たち進んで行動を慎みなさい、それが君たちの責任ですよ、私たちは知らんから、と言うのと同じです。つまり**責任を取らずに強制している**、それが当たり前と思われているわけです。

だから今の日本で「緊急事態宣言」などと言うのは茶番です。それを支えるはずの法システムあるいは行政システムがまったく壊れてしまっている。ズブズブの利権の巣窟のような行政システムですね。その目先をそらすのはせいぜい「東京アラート」のようなアトラクション。東京オリンピックの提灯が飾れなくなった代わりみたいに出てきます。

行政の瓦解

これはイデオロギーや政治理念の問題ではありません。近代国家は通常、行政府が立法府・司法府と連携・牽制しながら統治を担うことになっている。その統治は産業化によって成立した「社会」(そこに個人が含まれる)を対象としますが、そのとき「科学」が参照項になります。それが「有識者会議」といわれるものですね。社会衛生の制度は一九世紀からできていましたが、それは医学者に諮問することで行政統治をやってゆく仕組みです。

今回のように疫病が蔓延すると、政府は有識者・専門家に諮りながら社会的な対策をとって、課題を乗り切ってゆく。そこで国の行政力が試されることになります。それは政治体制には関係ありません。その行政力がある国は、なんとかこの困難を国主導で乗り切ってゆくことになります。第二波が来ようが来まいが同じです。

ところが、日本にはこの行政力がからっきしなかったということですね。それは、先ほどの学校休校の例にも現れていますが、きわめつけは「全戸に布マスク二枚」でしょう。これがコロナ禍の社会に政府が打った最初の救済策。不織布マスクなんてすぐに出回る。そのうえマスクに虫の卵が入っていたりして不潔で使えない。

だから途中から、ただでさえ忙殺されている保健所の非正規職員に検査させる。そして調べてみたら、得体の知れない会社に政府が発注して、外国から輸入させている。何のために？　そしてその後の中小企業の支援金給付で露見したように、トンネル会社に事業を発注して何でも電通に流している。黙っているが、最大の支援は株価維持のための巨額市場供給です。

結局この政府は、毎年の災害と同じように社会の苦境などには関心はなく、世界を揺るがしているコロナ禍でさえ、政権とそこに群がる財界・利権屋たちの私利獲得の機会にしているのです。そしてその仲間を集めて首相が「世界の真ん中で輝く」祝いが、コロナ騒ぎで押し流した疑惑の「桜を見る会」だったということです。

先人たちが多くの苦難や対立を経て作ってきた近代国家の骨格に巣くって、近年の政権が行政を私権の蟻塚と化してしまったことの実情が、この間のコロナ対策で露見しています。だから行政力などあるはずがありません。ただ、何とか形をとりつくろおうとする「専門家会議」と、行方も見えぬ「自粛」ムードを担っている「良民」たちが、結局は「自衛」するしかないと努力しているわけですが、それをながめる東京都庁に「いまは自粛から自衛のフェーズですね」などと言わせている状況です。

その日本がコロナ感染状況では世界の「優等生」であるのは、まったくもって政府の功績ではないでしょう。恒常化している民の災害などに向き合わない政府の下で、良民たちがひたすら「自衛」している、その結果にすぎません。

それを「日本モデル」といって世界に吹聴する向きもあるようですが、このパターンは戦後に何度も繰り返されてきています。ペンペン草も生えないと言われた「原爆からの奇跡の復興」、「福島の被災からの復興」もそうでした。その祝いに東京オリンピックをやろうとしたわけですが、コロナ禍で流されました。一九四〇年の懲りない反復でしょうか。

コロナ後の出口

さて、この先ですが、はっきりしていることはいくつかあります。

まず、グローバル経済の仕組みがこのような疫病流行に耐え得ないことが明らかになりました。だから世界は「命か経済か」のジレンマに陥り、経済活動の停止を余儀なくされました。このコロナ禍から抜け出るには、ワクチンが行き渡るまでは経済の縮小を続けざるをえないし、ワクチンができても次の病原がいつ湧いて出るかもわかりません。

とすると、生きた人間の活動する領域にはできるだけ頼らないように、経済の仕組みを変えてゆくという方向になるでしょう。

しかし、経済規模を縮小して、それぞれの社会をバランスのとれたものに仕向けてゆく、そして拡張だけが社会を幸福にするものではないと価値観をあらためて、規模に頼らない、金の額を目安としないような社会に向かってゆく、といった夢を見ることができるでしょうか？　「この道しかない」と誰もが経済成長を前提にし、前に進むことだけを考える人びとが主導権をもついまの国の状況では、それは夢のままにとどまるでしょう。

いずれにしても、「ステイホーム」の在り方を経済活動にインテグレートしてゆく方向は避けがたいでしょう。「引き籠もっていてもいい」という社会を作るのか？　そういう面もあるかもしれません。しかし、注目されるのは、このコロナ禍の経済の停滞のなかで、それにもかかわらず成長を飛躍させたセクターです。

それはＩＴ関連企業やＡｍａｚｏｎなど、「第四次産業革命」を牽引するとみなされている部門です。この部門にとっては、コロナ禍は成長の障害であるどころか、飛躍の機会になったのです。フィジカルな活動に頼ってきた古い経済活動は、これを機にバーチャル化を進めざるをえなくなった。あるいは、そのような「社会的絆」のバーチャル化（ＡＩ化）こそコロナ禍からの「出口」として提案されているといってもいいでしょう。

じつはそれは、ブラジルのボルソナロ大統領の対応と同じことなのですが、この方向は政治的対立を生まず、あるいはそれに巻き込まれず、政治問題そのものを技術によって「解決」してゆくという性格をもちます。それによって、世界の進む方向は、変わるようでいて、実は「加速」していくわけです。

フィジカルなものの淘汰

日本政府はすでにその方向に進んでいます。総務省はしばらく前から「ソサエティ5・0」という近未来社会像を提案しているし、文科省の教育はそれに向けて進んでいます。

小学校からの英語教育とIT教育です。

そしてそれは、学校再開後の各地の小学校で見られた「フェイス・シールドつき」の授業や、さいたま市の教育長から出された、医療関係者の方々への感謝儀礼指導（手の上げ方まで指定されている）となんら矛盾することではありません。フェイス・シールドをつけて授業を受けさせることが、生徒を保護することなのか、あるいは馴致することなのか議論のあるところでしょうが、少なくとも大人には強要できないことを、子供には教育として押しつけることができます。

手を胸の高さまで掲げて病院の方角に向かって一斉に感謝を捧げることは、いうまでもなく皇居遥拝の真似事です。折から、平成の世替わりに行き合わせた時の首相は、新天皇の即位の礼で、突然ひとり「天皇陛下バンザイ」を唱え、満座をギョッとさせましたが、当人は自らの関白就任を誇示したつもりだったのかもしれません。一部の学校関係者はそれに追従しているのでしょう。

では、この「古風」な学童の馴致が、社会のバーチャルAI化とどう関係するというのでしょうか。ウイルスの影響を受けるのはフィジカルな人間です。そんな脆弱な部分に頼らなくていいように社会の管理・運営を自立させてゆくITテクノロジーは、それでもフィジカルな存在を使ってゆかねばなりません。

しかしそうした存在は、ＡＩの指令に従って必要な活動をすればよいわけです。それは、オルダス・ハクスリーがすでに一九三〇年代に提示した未来社会の姿で、フィジカルな生き物「下級国民」の馴致と統御が地上の政治の役割になるということです。

だから、新自由主義的な社会改変が復古的な保守主義とマッチしたように、デジタルＡＩ化は奴隷制（身分制社会）とマッチしますから、社会をそのように「進化」させてゆくことになります。

近代日本を世界との関係のなかで見る、という本書は、国家や政治の形成・葛藤を通じて、それが世俗のレベルでどのように具体的に展開してきたのかをたどってきたことになります。

折からのコロナ禍はそのことをあらためて明らかにしました。ＡＩ化が進んでゆくなかで、生身で生きる人間はどう対処しなければならないのか、日本ではそれがどういう課題となって現れるのか。

それはもう明らかだと思いますが（政治の場を確保する、生きる人間を生かすのが政治、それは民主制を前提にする等々）、現代に問われているのはそのことなのです。

おわりに

主に現代フランス思想の研究をしながら、それをベースに戦争や死や宗教について考え、また世界史論や医療思想を論じ、「テロとの戦争」以来、世界の「政治」の現況やさまざまな「破局」について論じることになった。

そんな一見枠組みにはめがたい私の考えと見通しを、アクチュアルな日本＝世界理解に供するためにコンパクトな形でまとめさせようと思い立ったのは、講談社現代新書の米沢勇基さんである。この本は米沢さんの奇特な尽力によってできた。米沢さんは編集部の幾人かの人たちを集めて、何回かのレクチャーの機会を作ってくれた。本書はそれをもとにして作ったもので、章立てはおおむねそのときのテーマ組みに従っている。熱心な参加と質疑でこの機会を支えていただいた編集部の方々、山崎比呂志さん、所澤淳さん、小林雅宏さん他に感謝したい。

日本の出来事や状況を日本の中の現象として見るのでは十分ではない。それは基本的に世界の変化との関連で起きている。その関連を、混同するのでもなく、単に切り離すのでもなく、相互の関係をはっきりさせながら、世界の中の日本の現在がどうなっているかを提示する、ということをやってみたかった。

それは、私たちの現在を考えるときに、明治以降の日本が置かれた基本条件を踏まえるということでもある。なぜなら明治は、固有の日本を作ったのではなく、まさに日本を世界との関係の中に開いたからだ。

だからここでは、まずざっくりと日本から世界の今を見渡し、それから今の日本で「世界」とみなされているアメリカと、その向こうのヨーロッパの二〇〇〇年を見直した。そのうえで、日本の直近で間近な対外関係をみて、さらにそこに至る日本の一五〇年を振り返ってみた。それも、歴史的にというよりも日本が関係構造的にどう作られ、どう変化してきたのかの要点を押さえてみた。

時間の軸は二つになる。ひとつは西洋近代の二〇〇〇年（あくまで概略）、もうひとつが日本の明治一五〇年だ。そしてそれを劇的に交錯・転換させたのが世界戦争である。この時間の軸から全体の見通しは組み立てられている。

私の見方が、一般の歴史の語りや政治・経済の理解とずれているとしたら、それは私の流儀が通常のアカデミズムのやり方とずれているからである。とくに、歴史・政治・経済・宗教の理解をマルクスやマックス・ウェーバーには頼らない。だから階級という用語は避け、アウグスティヌスの両世界論を普遍化する歴史観もとらない。そして、宗教・政治・経済というカテゴリーを、権威・権力・欲望・アイデンティティといった別の力学的要素から相対化する。それは私が、世界戦争の思想家ジョルジュ・バタイユに多くを学び、「ポスト・モダン思想」などというものが流行する背後で、カール・ポランニーやピエール・ルジャンドルに学んできたからである。というより、私の求めるものの肥しはそこにあった。ひとつだけ指摘すれば、ポランニーの経済学批判は人類学的つまり脱西洋的であり、そしてルジャンドルは制度性への着目によってまったく別の人類学的視野（非科学的論理）を開いている。

たぶんそんなことを公言する学者は他にいないだろうが、もしここに提示した見方・考え方にいささかの独自性があるとすれば、私がそのような「謳われない思想家」たちに学んできたからである。

ここで提示した世界の見通しに「奇をてらった」ところはまったくないだろう。「ふつう」のものと言ってもいい。だが「まともさ」にたどり着く途はけっして平坦でも安易でもない。それは現在の日本に生きることに照らしてみればすぐに思い当たることだろう。「まともさの困難」、それは死罪を受け入れたソクラテスや乱世の孔子以来、いつの世にも変わらない。

講談社現代新書　2591

私《わたし》たちはどんな世《せ》界《かい》を生《い》きているか

二〇二〇年一〇月二〇日第一刷発行

著者　西《にし》谷《たに》修《おさむ》

発行者　渡瀬昌彦
発行所　株式会社講談社
東京都文京区音羽二丁目一二―二一　郵便番号一一二―八〇〇一
電話　〇三―五三九五―三五二一　編集（現代新書）
〇三―五三九五―四四一五　販売
〇三―五三九五―三六一五　業務
装幀者　中島英樹
印刷所　凸版印刷株式会社
製本所　株式会社国宝社
定価はカバーに表示してあります　Printed in Japan

N.D.C. 209　270p　18cm
ISBN978-4-06-521445-9

「講談社現代新書」の刊行にあたって

教養は万人が身をもって養い創造すべきものであって、一部の専門家の占有物として、ただ一方的に人々の手もとに配布され伝達されうるものではありません。

しかし、不幸にしてわが国の現状では、教養の重要な養いとなるべき書物は、ほとんど講壇からの天下りや単なる解説に終始し、知識技術を真剣に希求する青少年・学生・一般民衆の根本的な疑問や興味は、けっして十分に答えられ、解きほぐされ、手引きされることがありません。万人の内奥から発した真正の教養への芽ばえが、こうして放置され、むなしく滅びさる運命にゆだねられているのです。

このことは、中・高校だけで教育をおわる人々の成長をはばんでいるだけでなく、大学に進んだり、インテリと目されたりする人々の精神力の健康さえもむしばみ、わが国の文化の実質をまことに脆弱なものにしています。単なる博識以上の根強い思索力・判断力、および確かな技術にささえられた教養を必要とする日本の将来にとって、これは真剣に憂慮されなければならない事態であるといわなければなりません。

わたしたちの「講談社現代新書」は、この事態の克服を意図して計画されたものです。これによってわたしたちは、講壇からの天下りでもなく、単なる解説書でもない、もっぱら万人の魂に生ずる初発的かつ根本的な問題をとらえ、掘り起こし、手引きし、しかも最新の知識への展望を万人に確立させる書物を、新しく世の中に送り出したいと念願しています。

わたしたちは、創業以来民衆を対象とする啓蒙の仕事に専心してきた講談社にとって、これこそもっともふさわしい課題であり、伝統ある出版社としての義務でもあると考えているのです。

一九六四年四月　野間省一